U0459890

KUWEI
酷威文化
图书 影视

李清照词传

词传

孔祥秋 著

陕西新华出版传媒集团

太 白 文 艺 出 版 社

目
录

◎序：秋风起处最忆她

秋风渐凉，菊花正开，大朵小朵迎风摇摆，这是秋难得的惊艳。

少年乡村，门迎清流，窗含碧波。近岸芦苇悠悠，浅池是荷花亭亭。一首《如梦令》，成为那时最爱的吟诵。原以为，她就是那荷，心是波光云影，身若明月清风，一生清雅自在。不曾想，这般活泼鲜亮，这在野的天真，竟出自名门闺秀。后来，我乡间里懵懂的童年，渐成为都市里喧嚣的华年，想寻一份宁静，便再读易安的词。

秋风更凉了，当我读到易安居士那首《醉花阴》的时候，是有些怨恨她的，为什么要写那句"人比黄花瘦"呢？一句诗词，竟成谶言。

李清照的词句中，多写梅花，或开或落，都显风神。也许在她以为，她就有那凌寒傲雪的铁骨。的确，在她的精神里有诸多让男人汗颜的云风和怒涛，然而，她一句"人比黄花瘦"，才是写到骨子里。

她不是那荷，也不是那梅。

却道天凉好个秋啊，秋风起处最忆她。那是乱世，她，是那菊，一袖湿了荷的雨，一袖盈了梅的雪，两肩是凉凉的菊霜。

被誉为"词压江南，文盖塞北"，一代才冠天下的词女，果然就成了孤苦的黄花。如此，有多少尘伤。

在那乱世，她是不可能默默地盛开，默默地衰败的。历史让李清照有了那断根之灾，在南北宋那坑洼不平的道路上颠簸着，她用一路的追寻来证明自己对帝王的忠心，来证明自己不是为了生存而献媚的俗人。

一脉长江，却是两岸不同的情怀。许是一路的磨蚀，让李清照失去了那柔软细腻的笔锋，她手中的笔，划出的尽是一道一道粗犷的墨痕了。在豪放的北方，她写的尽是婉约；在婉约的南方，她又尽吐豪放。

谁让一个春风般的女子，却遍写秋风的凉？这也难怪，乱世之中，哪有柔情呢？洗尽铅华，才得傲骨吧！李清照在风中行吟的姿势，让许多人赞美。如果命运能够重新选择，我想李清照决不会选这一路颠簸的风尘吧？

她爱的，当是她的北方，她的荷花与诗词，她的照影的泉。

赵明诚是伴随李清照流浪的最后一捧土，这捧土包裹着她的断根，让她的伤痛能够小一些，让她的伤处又能长出些许的须根来。那些柔弱的根须，在那土中缠绕着，编织着鸟巢一样的依恋。那是一个漂泊的女子对家的渴望、对安宁的梦想吧？

然而，这最后一捧土也没有了，也在那秋风秋雨中彻底流失了，那刚刚生发出来的短短的须根，也被那土裹挟而去。旧疼更添新伤，她那份高雅也是有些零乱了，她那份冷香也渐渐散淡了。

李清照真正成了那无依无靠的断根切花，那无着无落的心实在无处安放了，于是她发出了"憔悴损，如今有谁堪摘？"这样悲苦的伤感。

叶乱花暗的她，再无处去寻找什么安宁的所在，居"安"何"易"？断根的花，在他乡是找不到实实在在的故土的。秋风一场紧似一场，最后的李清照，无色无香，无声无息。

多想岁月中只有北宋的安逸文雅，而无南宋的蹉跎踉跄。可史书就是这样，这一页尚锦绣万里，下一页却是山河破碎。

秋风之后，再无处可读菊花了！

第一卷

争渡、争渡，惊起一滩鸥鹭

◎ 小院闲窗春色深

小院闲窗春色深，重帘未卷影沉沉。倚楼无语理瑶琴。
远岫出云催薄暮，细风吹雨弄轻阴。梨花欲谢恐难禁。

——《浣溪沙》

　　好一个闲字，半愁半懒散，女子临窗望远，琴声轻起，草木重重
处，有花瓣浅飞。心事似有似无，似欲说还休的云遮，亦明亦暗的薄
暮。春色纵如此之盛，怕也将是挡不住凋零吧？果然是为赋新词强说
愁，好端端的景，竟生出这般的百无聊赖。

　　这词是李清照写她的芳年，当在她的北方。

　　北方，一眼塞外风沙，一眼长城古月，山河多是铿锵的格调，少
有江南那般婉约的柔情。而济南，却是别样风情。"四面荷花三面柳，
一城山色半城湖"，水岸泉边，说不尽粼粼波光之艳，看不完盈盈云
影之媚。

　　世间南北人，谁不知泉城呢？

　　老舍先生在《济南的冬天》里有这样一段描述："古老的济南，
城里那么狭窄，城外又那么宽敞，山坡上卧着些小村庄，小村庄的房
顶上卧着点雪。对，这是张小水墨画，也许是唐代的名手画的吧。"

　　老舍先生的笔墨把我们引到了城外。在这城外，只说一个小镇；
在这小镇，只说一户人家。

　　小镇若玉，嵌在济南章丘的水光里；那人家，就是刻在这玉上的
花纹，虽小巧，却精致典雅，玲珑一方。

　　院落半新，颇有韵味。远有青山如黛轻照，近有绿水如丝浅绕。
庭前玉兰红白，墙下疏竹流影；阶下浅铺书带草，窗外横斜梧桐枝。

虽然院里没有雨来可打的芭蕉，但一株石榴更显北方人对吉祥的祈求，红了五月，美了十月。满院草木尽管有四季荣枯，房前屋后却总有不尽的轻红浅绿，可吟可唱，可书可画。

这小镇，正是明水；这人家，便是李家。这户人家的主人，名叫李格非。

李格非，北宋文学家，以"文章受知于苏轼"，与廖正一、李禧、董荣，并称为"苏门后四学士"。虽然与黄庭坚、秦观、晁补之、张耒这"苏门四学士"相比，他们的名气稍逊一些，但在当时也是人中龙凤。尤其是能够娶得王拱辰的孙女的李格非，更是颇为人们看好。宋仁宗天圣八年（1030），王拱辰以弱冠之年，力压一代文宗欧阳修夺得状元，那是何等了得？能得这等人家的青睐，李格非自是才学一流。南宋词人、评论家刘克庄赞其"文高雅条畅，有意味，在晁、秦之上"。虽然他精通儒家经典，擅长诗词文赋，著述颇丰，但我觉得，如此赞他还是有些过了。不过对于他的《洛阳名园记》，我还是特别喜欢的，尤其是书的后记，更是精彩：

洛阳处天下之中，挟崤渑之阻，当秦陇之襟喉，而赵魏之走集，盖四方必争之地也。天下当无事则已，有事则洛阳先受兵。予故尝曰："洛阳之盛衰，天下治乱之候也。"

方唐贞观、开元之间，公卿贵戚开馆列第于东都者，号千有余邸。及其乱离，继以五季之酷，其池塘竹树，兵车蹂践，废而为丘墟。高亭大榭，烟火焚燎，化而为灰烬，与唐共灭而俱亡者无余处矣。予故尝曰："园圃之废兴，洛阳盛衰之候也。"

且天下之治乱，候于洛阳之盛衰而知；洛阳之盛衰，候于园圃之废兴而得。则《名园记》之作，予岂徒然哉？

呜呼！公卿大夫方进于朝，放乎以一己之私自为，而忘天下之治忽。欲退享此乐，得乎？唐之末路是已。

这文删繁就简，寥寥三百字，呐喊城之盛衰，心系于国家安危，痛陈私弊，疾呼江山，果然是震撼人心之作。即便今天读来，也是弦音铮铮，好不明澈，更有涛声激荡。不算千古文章，也算一世名篇。

李格非无论官位大小，都是一样的刚正，爱憎分明，善恶两清。文载，李格非任职一方时，境内有一道士，号称自己乃得道真神，可知吉凶祸福，为此，迷惑了不少民众，更敛得了大量钱财。道士每每出门，香车宝马、前呼后拥、飞扬跋扈、不可一世。那一天，道士正好被李格非遇到。李格非立即命人将其揪下车来，当场揭穿，怒斥其妖言惑众，并将其怒打出城，警告其永不得再来，若再遇见，必加严惩。老百姓知道了真相，无不拍手称快。

此时的李格非，只是一位小小的郓州教授，远在京城之外，和老家章丘，一东一西，正好隔了济南那一城泉水。虽说不上山高路远，但于那时，也需马蹄急驰数日。家，便多由夫人与父母操持。

宋神宗元丰七年（1084），春风正浓，明水镇一片桃红柳绿，燕语莺啼。忽然，李家的大院里传来一阵婴儿的啼哭，府中上下一片欢声笑语。

王氏生了！那一刻，天上彩云朵朵，水中花影婆娑，无不呈现吉祥曼妙的景象。

夫人即将临产，李格非为了缓解紧张的心情，正有心无意地在书房里摆弄着笔墨，当他听到那声啼哭时，激动得站了起来。窗外轻盈的泉水之光，正好闪了一下他的眼。传言，明水小镇有三处水势旺盛的清泉，各藏在三户人家的庭院之中，因常人难以相见，故为"三不露"。其中一泉就在李家，那泉，恰在李格非的书房窗前。

在宋朝，虽然世人多还重男轻女，但李格非是个例外。远远近近春色满眼，鸟鸣悦耳，哪敌得了女儿那一声娇啼入心？

李清照，让中国的诗书卷里，多了一道最美的天光云影；让那段历史，多了一段泉水叮咚。岁月那么深厚，漫漶了许多曾经，不要说布衣百姓，就是那达官显贵，也早已不见半缕衣影。而这个名字，却那么清清地映照在人的心中，还成了宇宙中的光芒。1987 年，国际天文组织以李清照的名字命名了水星上的一座环形山。这是外太空唯一一个用中国女性的名字命名的环形山。

李清照，春花开处，她也正绽放。一缕阳光，照那静谧的窗、光影的格，也映照在小小的清照身上。

作为父亲，李格非给了她无数美好的祝愿，还有她的母亲，她的祖父祖母，甚至无数善良的人，没有谁不愿意祝福一个呱呱坠地的孩子。

从春天而来，乘爱而行，一路迤逦而歌，所往何处？

那时窗外花开正艳，多宜心的春，想多了，说多了，都是不恰当的愁。听一段明媚琴曲，且举一杯酒，映了窗前门楣的红绫，品味喜庆，拱手一一致谢那远亲近邻的贺词。

柔柔的风，吹那软软的珠帘，响那玲珑的声调，李家的三月，格外明媚。这一刻，春深花不愁。

◎ 绰约俱见天真

禁幄低张，雕栏巧护，就中独占残春。容华淡伫，绰约俱见天真。待得群花过后，一番风露晓妆新。妖娆态，妒风笑月，长殢东君。

东城边，南陌上，正日烘池馆，竞走香轮。绮筵散日，谁人可继芳尘？更好明光宫殿，几枝先向日边匀。金樽倒，拚了尽烛，不管黄昏。

——《庆清朝》

没有谁的童年不可人，没有谁的童年不动人。就像蓝到无边的天，每一缕云丝，都是一种神话；像清到无尘的水，每一尾游鱼，都是一个传说。

少年时，一举一动，都是天地恩宠，无不别样好看。多年之后再回首，才感觉那烂漫岁月当真明媚如画。

在李清照的诗词里，特别是早年那时，她多写少女时代的喜忧，却不曾有孩提时的欢愁。读到她这首《庆清朝》中的"绰约俱见天真"的时候，以为接下来会忆念一些童年的旧事。不想，却没有。写这词的李清照，该是久居汴京城（今开封市）的故人了。俏立于诗词会宴，城郭宫阁之语句，满是春风快意。众花谢了又如何，不是还有芍药吗，占尽妖娆，弄风惹月。天近黄昏了，怕什么呢，点了烛火，再饮几杯吧，浅醉了，更具诗意；迷蒙中，更有辞章。

和她的上首《浣溪沙》同是春色深，这词却了无闲愁，满满的快意。童年，是真的遗忘，还是故意回避呢？童年的她，不仅天真，而且绰约。

她的童年，在泉边，在水岸，在泪光潋滟里，在桨声欸乃中。

小小的清照，父亲爱，母亲王氏更爱，爱若掌中最美，爱若怀中最娇。醒时逗弄，梦里亲昵，初为人母的王氏，尽显母亲的喜悦和宠溺。

有时候，命运总是这样不近人情就背弃美好的祝愿。那些盛开与凋零，那些萌发与枯萎，看似是命运的偶然，实则都是人生的无常。

四季是季节，但何尝不是劫数？轮回了，就是生生死死。

王氏，宠爱自己的女儿，然而，岁月却收回了对她的宠爱。半年，仅仅半年，她和女儿相依相偎了短短的时光，便就此驻足，王氏因产后病撒手人寰。最后那刻，她望向女儿的目光，是千般的不舍，是定格的牵挂和温柔，是无尽的伤心与悲痛。那一刻，她心里满满都是襁褓中的小清照。那个小小的人儿，还太过娇嫩。

有哪一位母亲，最牵挂的不是自己的儿女？那目光，想想就让人剜心地疼。有多少人伤春悲秋，写下诗词歌赋，可有什么能比这样一位在生死之际的母亲对孩子的依恋更感天动地？

听说，那天窗外的花都蔫了；听说，那天院中的泉水都悄无声息地流着。我想，这不仅仅是为一位母亲叹息，更是为这个孩子叹息。

天，暗下来了，是因为没有太阳；夜，暗下来了，是因为没有月亮。一个嗷嗷待哺的孩子，失去了母亲，那是多么昏天暗地的日子？

王氏所生，王氏所养，但却是来自两个不同门庭的王氏。李格非的前妻，也就是李清照的生母，是当时一代名相王珪的女儿。

去得匆匆，来得更有些急促，这似乎是李格非没有怀恋，新的爱情也显草率。其实，这正是他的爱。因为他怕小小的李清照心中落下少小失母的阴影，所以才很快又与王拱辰的孙女结为连理。

两个王姓的母亲，连线成没有缺憾的母爱。

半年，对于一个刚刚出生的孩子来说，世界还没给她留下什么烙印，所以李清照能在继母王氏的抚养下快乐地成长，她的人生印记，也就没有那段伤痛。很多人说，正是因为有这段往事，李家人对这个小人儿才格外疼爱娇惯，因此养成了李清照纵横如男儿的性格。

但也有一些人提出了别样的论辞，在模糊的年献推论中，说李清照本就是李格非的第二任妻子所生，本就没有什么丧母之痛。

那一场雨，湿得只是院外的草木，没泡透案几上的墨锭，也就无人写透这段旧事。再说那时，一个女子的生死，一个婴儿的哭闹，不过是平常，又怎能惹人们大动笔墨？谁又会知晓千百年后还有人会细细推敲？终究没人断猜出那女婴会成为词宗李清照，毕竟这种概率在历史上太稀薄，稀薄得绝无仅有，稀薄得寥若晨星。可她，偏偏就成了空前绝后的李清照，成了那段烟云年代的一轮朗朗清辉。

岁月喧嚣，本就难以尘埃落定，所谓的盖棺定论，也不过是一种说辞压倒另一种说辞而已，没有百分百的还原。我们就静看这喧嚣吧，不做决断者，也许，只做一个倾听者，会多一种适宜的感觉。毕竟这一切都没有影响李清照的童年，没有影响她成为秀外慧中、文辞绝妙的一代婉约词宗。

李清照在李家的大院里、在明水清秀的景色中成长着。远处几声鸡犬小趣，近处几缕花草真香。而她的母亲，在她的意念里也是那"言必《诗经》，语必《乐府》"的一代才女，况且还在宋史中留下了名字，虽然只是用"擅诗文"三字带过，但于一个女子，已经是肯定了她的才华。

一周岁，似乎是人生的第一级台阶。那天，大人多以各种方式来评测孩子们的命理走向，多是为了应那句"从小看大"的老话。比如说宝玉"抓周"抓了胭脂类的香粉之物，便惹了贾政大怒，很不欢喜。日后的贾宝玉虽然不是酒色之徒，但也在女儿堆里混得风生水起，这也难怪贾政恼怒。可李清照"抓周"，却抓出了真实的精彩。

那天，家人将瓜果、针线、笔砚、脂粉、书卷、花朵等诸多杂物放在小清照面前，没想到，她对近处鲜艳的物件毫无兴趣，竟然爬向更远处的一支笔。她拿在手中，胡乱地敲打着一本书，嘴里还"咿呀咿呀"地叫着。李格非高兴坏了，在女儿的小脸上亲了又亲，王氏也激动万分。

的确是这样，在小清照蹒跚学步的时光里，她最喜欢父亲书房里笔墨的香味，最喜欢听母亲唱短歌吟小令。三四岁的时候，她已经是满口诗词文赋了。一年七夕，李家给几个女孩子安排"乞巧"的仪式。在高搭的彩棚里，红烛摇曳，祖母将一枚银针和七彩丝线分给清照和她的小姐妹们，让她们默念乞巧之愿。别的孩子都郑重其事地默念着，以乞织女梦里教她们各式女红，唯清照似乎心不在焉。祖母问她在想什么，她仰着脸，明亮的大眼睛望着祖母说："我想和哥哥弟弟们一样学书练字。"

正是父母潜移默化的影响，让小小的李清照走上了诗词文章的香径，一种芬芳向华年。

从那以后，李清照便和从兄们一起读书。聪明伶俐的她，很快就显出过人的文才天赋。她不仅好学，而且善疑好问，从不盲从于别人，不时提出自己与众不同的见解。小小年纪的她，总有不尽的巧思妙想。

她一问，父母一答，就是一次天伦之乐，亦是小小清照心智的一次拔节。

　　书香门第的浸润，让本就天资聪慧的她，有了一个志趣绰约的童年，也铺就了她傲立诗词群峰的坚实阶梯。

◎ 说不尽、无穷好

常记溪亭日暮，沉醉不知归路。兴尽晚回舟，误入藕花深处。争渡、争渡，惊起一滩鸥鹭。

——《如梦令》

许多人认识李清照，当是从这首小词开始。少年时，晨光里，倚校园内的一棵古树，朗朗诵读："争渡、争渡，惊起一滩鸥鹭。"

多好啊，几个小女孩荡了小船远游，在那溪岸边的小亭子里，巧笑嫣然，轻歌曼舞，玩得好不尽兴。不觉间，已是斜阳依依，晚霞如黛。不知谁说了一声：不好，天太晚了，往回走吧。大家叽叽喳喳地嬉闹着，解了绳缆，小船歪歪斜斜地离了水岸。天色渐渐暗了，因不熟悉水路，就错了方向，也不知道船划到哪里了。身边的莲叶藕花却是越来越密，遮得天更黑了，大家这才有些慌了神，大呼小叫着：快划！快划！

胡乱的桨，慌张的篙，搅得水中一片零乱。一时间，人声、船声，划破了暮色，滩头上已经开始夜宿的水鸟被惊了起来，扑扑棱棱地飞起了一片。

一个"常记"，反映了李清照对这件有些小放肆的旧事还是很得意的，感觉是很痛快的。她和小伙伴们时不时说起来时定是一副眉飞色舞的样子。

短短三十几个字，生动、传神，写透了那时的妙趣，引得多少人心驰神往。爱了那水，爱了那船，爱了那日暮。

解这段词，一些人都说李清照和她的小伙伴们是有酒助兴的，所以"回舟"迟了，才"误入藕花深处"。那时候，于我少年的心理，一直认为她是"沉醉"于景，而不是"沉醉"于酒。今天，知道了易安女士的确有好酒的习性，但我依然偏向于那个黄昏她是倾心于水光花影的。这样，感觉更美好一些。

醉了酒，划着船，岂止是一种莽撞？若是家人知道了，肯定是要被严加管束的。

对于李清照的洒脱性格，都说是因了家人对她的纵爱。其实，宋代的礼节，对于女子是比较宽泛的。李格非和夫人对女儿多有娇惯，但也并非放任自流。从李清照念念不忘的"溪亭"来看，她也只偶尔得一回这样的疯玩罢了。不过，她们摇得了桨，撑得了篙，想必她们该是在家门口多有摆弄。然而，这样的远游终究是不多，若是常态，想来也就没有这"常记"的激动了。

这词的"溪亭"是在哪里呢？当下的人们仍争论不休，我以为应该是在济南明水。因为只有在家乡的山水间，才敢玩得这样肆无忌惮、无拘无束。汴京城深郊远，实在不会有这样的自在之地。而且，这么清澈无尘的词句正符合了她在家乡时的天真心性。到京城的她，成熟了，少了这一派天然的语句。家乡，毕竟空灵轻快，不言愁。

湖上风来波浩渺，秋已暮、红稀香少。水光山色与人亲，说不尽、无穷好。

莲子已成荷叶老，清露洗、苹花汀草。眠沙鸥鹭不回头，似也恨、人归早。

——《忆王孙》

读这首《怨王孙》，依然感觉得到她明快的心情，虽有一个"恨"字，却是那么淡，淡得就似一个戏言。

清风微微吹来，湖面上烟波浩渺，秋色有些深了，花几乎落尽了，香味也浅了。不过这水光山色却让人感觉是这样的亲近，用尽千言万语，也说不完这无边的美好啊。

为什么忽然就感觉这些山水这么亲近呢？为什么忽然有很多话要说呢？是否，她要相别于一方呢？也许，这次，她是真的要离开故地了。

莲蓬由青渐黄，莲子一颗颗圆润饱满。水里的苹花，岸边的小草，被清晨的露水一打，像洗了一样干干净净。沙滩上，水鸟们睡着了吗？没有一点动静，好像是嫌弃她这么早早地离开，不陪它们玩耍了。

拟人的味道，更添情趣，更显天真。可为什么不回头，为什么恨呢？依山恋水说鸟，看似是轻浅的别愁，却不只是一次游玩的结束，而是对故乡的诉说，更恋的，是人，是家。她，要离开了。恨意不浓，只轻轻地说，在她以为，也许只是暂时的别离，时间不会太久。她想的远方，是一个神秘快乐的地方。

马车早已备好，父母远远地唤她呢。李清照应了，却还是忍不住回头再看一眼，再看一眼。那片熟悉的湖水，她说她会回来。

她会回来吗？她曾经回过明水吗？我在李清照的诗词里一次次地翻找。其实，也不必愁，记得有这样一句话："这世界无所谓远方，每一个你的远方，都是他人的故乡。"念及此，就安心。苏轼不也说过"此心安处是吾乡"。

她，心能安吗？岁月里回望，她还是觉得那时光太匆忙，只是有些恨了。

吱吱呀呀的车轮声向远而去，向历史的深处驶去。一个小女子，虽已初显才情，但也不过是个孩子。那向着汴京而去的两道车辙很浅很浅，很快就成了风一样的烟尘，没了痕迹。后来，她向江南而去的车辙却是那么深，像两道重重的鞭痕，断了江水，断了千里长途，再难回头。

那水，记得她。百脉泉畔，占地一万八千平方米的清照园，草木枯荣，展示着四季的格律；溪水潺潺，常年不失美妙的韵调——如她那声声不息的词曲。这里，是她北方的轻欢，那藕花，那鸥鹭，那莽莽撞撞的舴艋舟，还有那溪亭的夕阳。

◎ 自是花中第一流

暗淡轻黄体性柔，情疏迹远只香留。何须浅碧轻红色，自是花中第一流。

梅定妒，菊应羞，画阑开处冠中秋。骚人可煞无情思，何事当年不见收？

——《鹧鸪天》

章丘秀美的山水，赋予了李清照玲珑剔透的心性，也让她早期的文字足够活泼空灵，多以白描的笔法，展示清水无尘的年华，尤以那首《如梦令》为最，将少女纯美的情趣展现得淋漓尽致。在家乡的她，就有这样一份自在天然。长大的她，随着父母向远而去，这种露珠一样透着晨光月色的情怀，渐渐浸透了烟雨。文字便多了念想，多了寄托，多了哲思，虽然还是那招人喜爱的白描之美，但可猜可思量的眼神渐起，心事渐缤纷。

说不清多大的她抵达了都城汴京。一个小孩子的足迹，更何况是一个小女孩，有谁会在意呢？当她成为千古第一才女，人们再回头追寻她的步履的时候，才知道无处可以落笔。也罢，即便是那场从深秋到腊月的雪，也早已融化，润了一季季的花草，漫过了一年年的时光，我们无处寻觅。

她一路向繁华，去了汴京。

只要花盛开，哪季都是好节令；只要心自在，哪天都是美良辰。

正是大宋盛时，京城自是车水马龙，商贾如云，民生富足。时人孟元老的笔记体散记《东京梦华录》中载：

举目则青楼画阁，绣户珠帘。雕车竞驻于天街，宝马争驰于御路。金翠耀目，罗绮飘香。新声巧笑于柳陌花衢，按管调弦于茶坊酒肆。八荒争凑，万国咸通。集四海之珍奇，皆归市易；会寰区之异味，悉在庖厨。花光满路，何限春游；箫鼓喧空，几家夜宴。

繁华无边，锦绣万里，果然有《清明上河图》里的画味。

如果说李清照的明水是一块玉，那大宋时的汴京则是一锭金。没有了鸥鹭惊黄昏，却多了琴鼓闹良宵。白天黑夜，都是一样的热闹。

盛世文风的熏陶，先贤前辈的影响，加之父亲李格非的引导，李清照的诗词日见精进，已可比肩于诸多名士。那些名门望族、官宦人家的聚会席宴，也常常邀了她去。她助兴的诗词总是自成一体，似一脉清流，惹了饱学之士的喜欢。尤其是一次在大晟乐府的诗词大会上，她语出清新，占尽风流，一时成为风雅阶层的美谈，以至于"文章落纸，人争传之"，只差纸贵洛阳了。

京城的浸润，让李清照拓宽了视野，广博了见闻，丰厚了知识。她在汲取古典营养的同时，更注重整合当下的思索，食古而化，常有惊人之语。有一次，父亲推荐了"苏门四学士"之一张耒的《读中兴颂碑》给李清照。说到这首七言古诗，先说另一篇《大唐中兴颂》，这是唐代诗人元结歌颂平定安史之乱的文章。传当时他正清居于湖南祁阳浯溪，文章写好后，由大书法家颜真卿写成楷书，并镌刻在崖石之上，被人称为"浯溪三绝"——文奇、书奇、石奇。张耒的诗就是和此文而来。因这诗很为父亲李格非赞叹，夜里，李清照便反复吟读，一时间感慨万千。于是，她挥笔写下两首和诗：

《浯溪中兴颂诗和张文潜》

（一）

五十年功如电扫，华清花柳咸阳草。

五坊供奉斗鸡儿，酒肉堆中不知老。

胡兵忽自天上来，逆胡亦是奸雄才。

勤政楼前走胡马，珠翠踏尽香尘埃。

何为出战辄披靡，传置荔枝多马死。

尧功舜德本如天，安用区区纪文字。

著碑铭德真陋哉，乃令神鬼磨山崖。

子仪光弼不自猜，天心悔祸人心开。

夏商有鉴当深戒，简策汗青今具在。

君不见当时张说最多机，虽生已被姚崇卖。

（二）

君不见惊人废兴传天宝，中兴碑上今生草。

不知负国有奸雄，但说成功尊国老。

谁令妃子天上来，虢秦韩国皆天才。

苑桑羯鼓玉方响，春风不敢生尘埃。

姓名谁复知安史，健儿猛将安眠死。

去天尺五抱瓮峰，峰头凿出开元字。

时移势去真可哀，奸人心丑深如崖。

西蜀万里尚能返，南内一闭何时开。

可怜孝德如天大，反使将军称好在。

呜呼！奴辈乃不能道辅国用事张后尊，乃能念春荠长安作斤卖。

　　两首咏史诗，虽然多含有讽刺，但比张文潜就论"安史之乱""女色亡国"的老调深刻了许多。就唐朝兴废，正确地归为朝政萎靡，奸人当道，当然也客观地检视了杨家兄妹对时局的影响。诗文一出，立时震动京城，为方家赞叹，多称李清照为难得的奇女子。

　　身为一个女子，在诗词中美名日盛，加之行事挥洒自如，毫无深闺小姐的忸怩之态，虽然赢得欢声一片，但也难免有人会用异样的语调说些闲话，并斥其为"用浅俗之语，发清新之思"，文风也不过平庸。

　　少年那时，谁不傲视天涯？李清照不卑不亢，情寄桂花。

　　桂花不是大朵大朵的华丽之花，透着轻浅的黄色，看起来似乎有些暗淡，但却掩不住柔美的心性，情怀虽然不善于表露，喜欢于清静的一隅，实在不可以只苟同于艳美的红绿之爱。芬芳四溢的桂花，何尝不是花中一流，不然又怎会在万人仰望的月中成为美丽的神话？

　　"清贞更造清芬境，大地萧条赖挽回。"桂花居风霜而有精神，香四布却矜持有礼，不傲不骄，不媚不俗，正是仙女的风神。

　　百花之中，梅和菊都是花中翘楚。李清照也是一个爱花之人，《漱玉词》中多写花草欢愁。梅花和菊花也几番绽放于她的墨香之中。而这里，她写"梅定妒，菊应羞"，毫无贬损之意。梅花也有风骨，菊花也尽颜色，不过是以此烘托桂花的孤芳之美。画栏中的桂花一开，便占尽了秋日的风流，低有冷蝶，高有流云。

　　楚家老先生屈原，一生多吟花草，道尽天下芳菲，以喻君子修身美德，但为什么不把桂花收入《离骚》，是不是对桂花情思欠奉？李清照以责问古人大家的口吻，来陈述人们对桂花的偏解，来说她的爱，她的清绝于世。

　　说来，屈原是写过桂花的。《离骚》有文："杂申椒与菌桂兮，岂惟纫夫蕙茝"等。其实这些真的无所谓，李清照以白描感叹，以问古引申，彰显了词人审美的高拔、思想的卓越、思辨的新颖，以机锋暗藏的笔墨，展示了少女恃才傲物的自然天性。

李清照赞桂花是花中第一流，何尝不饱含了词人的贞心自许？

"山中桂树多，应为故人攀。"桂树原多生于山远地偏之地，才有了白居易的"山寺月中寻桂子"。李清照出生于明水这个多耕作、少读书的乡野小镇，距皇城之远，不得不说偏僻。而她才情非凡，自可比作桂花。

古代的科举，多在秋天，那时桂花正开。高中皇榜被誉为折桂之美。"画阑开处冠中秋"一句，虽有此意，却是暗指自己入得京城自成我香，名扬四方。也许还有人看不上，但明天的群芳谱中，我当是"天香云外飘"的那一枝。

颇有些得意自我，睥睨四方的味道。

外在当为爱，内在才芬芳。这无视尘俗的非凡幽怀，远不是"误入藕花深处"的天然意趣了。十五六岁的她，已非只醉于溪岸亭台的芊芊少女。

李家小女初长成。

大千世界，处处华美，也许我不花团锦簇，但何尝不香清意远？是啊，青春那时，不论春秋冬夏，谁都可朗朗高歌。自恋如何？浅薄如何？狂放如何？无敌最是芳华。

在月色如水的那个秋天的夜晚，浮香艳色都不过是尘泥，李清照的这首《鹧鸪天》，正是那傲立画栏中的一树桂花。

谁似桂花之人？少女李清照笑一笑，却不回答。

第二卷

回首，却把青梅嗅

◎ 知否？应是绿肥红瘦

昨夜雨疏风骤，浓睡不消残酒。试问卷帘人，却道海棠依旧。知否？知否？应是绿肥红瘦。

——《如梦令》

青春，是一种繁华，也是一种落寞；是一场欢悦，也是一场惆怅。那种起起伏伏的悲喜，没有最恰当的表达。人前的歌，唱一曲，而人后的苦，独饮那一杯。喝的奶茶，却说咖啡。少年，多乖张。

听一楼的风雨，看一窗的云月，多好，却不想一刹那就低沉了。念谁呢？懵懂得就似那落花，有意还无意。本是繁花满枝头，却叹息落叶飘飘。

十五六岁少女的心思是最细的弦，风一吹就呜咽了，雪一落就迷茫了。一切，都是伤春的借口。夜半无眠，窗影婆娑，只闻得那月色一样的叹息。春在当时，春在心。街角里傻傻地站着，似有期待，似是别离。

京城几年，李清照初在青春，再无孩提时的纯净、俏皮、自在，心思渐起，好似风至池塘，涟漪层层。悲花怜草，叹雨愁风，那到底是怎样的情思呢？又有谁能说清呢？

"花非花，雾非雾。夜半来，天明去。来如春梦不多时，去似朝云无觅处。"如此年华，正若白居易的这诗，那些小忧伤、小叹息，也就悠悠地来了，悠悠地去了。忽地暗了门，忽地亮了窗。难以思量，无法思量。

那些原本在花丛里嬉戏追逐的蝴蝶，那些原来在池塘边卧听的蛙鸣，当然，还有那滩头倏忽而起的鸥鹭，泉水里闪荡的月影，这许多纯正的快乐，竟然是那么远了。

李清照毕竟不是李白，没那"斗酒诗百篇"的豪迈，再说一个女儿家，若真是这般的狂放，那也太失态了。即便如此，她不过比别家的女孩子多了些抛头露面的机会，时人也多有微词呢。

酒是吃得多了，睡得好沉，竟然连梦也没一个。这一觉，只睡到天光大亮。这时候，早就过了吃早饭的时辰。父母也曾让人叫过她，只是丫鬟回话说，小姐还在睡觉呢。李格非也便摇了摇头，嗔怒地叹一声，任由她去了。

李清照被父母宠成了公主。这宠，成就了她的酒，也成就了她的词。

"红满枝，绿满枝，宿雨恹恹睡起迟。"雨夜过后，迟起的人的确不在少数，湿润的空气最容易让人心生懒散，更何况还喝了酒呢？

睡得这么深那么久，酒意竟然还在。伸个懒腰，翻个身，感觉头依然有些疼。

雨停了，风住了，外面一片晴好。侍女见小姐醒来，便卷起门帘，让屋里透透新鲜空气，也散散酒气。李清照虽然深得家人千般娇宠，但毕竟是诗礼之家，终不能失了大体，要是父母知道她喝得这么多，怕也是要受责怪的。

李清照是多有醉于酒，可又哪有醉于众人？她醉于幽，醉于隐，醉于爱。独醉成词，对饮成诗。这般的李清照才惹了人爱，才惹了人嫉。爱她醉于酒，嫉她不困于酒。一杯清浅酒，却有浓淡意，一手好诗好词好文章。

醉时，是雨夜；醒来，已是清晨。

李清照懒卧在床榻上，睡眼蒙眬中看见侍女的身影晃动，便问道："外面的海棠怎么样了？"

端端是小女孩的心思，左不问，右不问，只问那花。

侍女看也没看，想也没想，便随口答道："挺好的，和昨天一样。"

小女主叹了口气，道："你真是没心没肺的，想那么一场风雨，海棠叶子绿油油的是显得更丰盈了，花却一定被打蔫了不少，显得稀瘦了吧。"

侍女朝门外看了看，说："小姐，你净是那书本上的心思，这花也和人似的，肥呀瘦呀，我哪懂得了呢。"

李清照好酒，似乎是史中的公论，似也与长辈们的宠爱有关，再加上她是家中的长女，李格非家中品酒时，难免会逗弄女儿，让她喝上一口。大家都想象得到，最初的时候，小清照也定是辣得唇红目张的，但时间久了，终能与父亲对吟成诗。一场夜雨，让她独饮成醉，并非是杯中之物的诱惑，从她醒来问那海棠，便透露了她是醉于对花的怜爱，更忧心于风雨之后的香残色暗。不敢看，不敢想，一杯又一杯。醉了睡了，便了无心事，无惧那孤夜的清冷。可天总要亮的，醉了总要醒。醒了还是不忍看落花，也就赖在床上，终究是放不下，也回避不了，只好问问侍女。

料定了的结局，却只在问答里自己说破，正是小女孩自说自话似的叹息。

"知否？知否？"重叠的语句，不是焦虑，完全是嗔怪的语调，只为缓减心中牵挂的忧叹。

古来爱花的诗词千千万万，李清照这首《如梦令》，一醉一醒，一问一答，一肥一瘦，一多愁善感的小姐，一天真无心的丫头，诸多繁杂归于简约，把一个少女惜花伤春的心事展示得惟妙惟肖。一场细雨，冲了人心头的浮躁；一阵急风，散了人心中的积愁。只剩一个活泼的小女孩，倚了闲窗俏丽的身影。这时节，懵懂如春水，清浅却有波澜，呢喃却是无邪。无言最是凉凉的、薄薄的清愁。

李清照向来爱酒，与酿卖好酒的酒家打些交道也在意料之中。传此词一出，便被酒家索要了去，想来也一定付出了许多坛好酒。精裱后高挂在前堂，一时间轰动汴京，文人墨客争相前往。说是一些不识得文字的人也都多有围观，不仅是为凑些热闹，更想听听人们对李家这位大小姐的夸赞。

那是怎样的好酒呢，逗引了李清照的好词。又是这样的好词，成就了酒家的好酒。那酒家，也就座无虚席。

多么素淡的"绿肥红瘦"，却掩不住无限才情，将雨后海棠的情景描写得逼真形象，是化腐朽为神奇的不二妙语。文载，"当时文士莫不击节称赏，未有能道之者"。而后人王士祯在《花草蒙拾》中赞此句道："人工天巧，可称绝唱。"据说赵明诚和朋友到那酒家小坐，也正是看了这首词，于是倾情仰慕，也便有了寄心于一辈子的誓言。他遇了，便心心念念了。

姻缘虽然也有偶遇，但懂了才是真爱。想那汉时董永，也不是因为七仙女知了他卖身葬父的孝德，才有了指槐为媒的仙缘吗？没有无缘无故的一见钟情。

李清照的这首《如梦令》，正是好姻缘的含苞待放。

窗外已是"绿肥红瘦"，那该如何呢？不理那乱，不葬那花。文到这里戛然而止，不说透，最通透。其实这素净的语调里，也点明了她的年纪。此时京城的她，只有闲愁，还没有爱情的羞涩。不是不相遇，是还不曾懂。

最美当是这句"绿肥红瘦"，而文中的一个"试"字，也妙到巅峰。这一字说不尽的忐忑不安，是这般的小心翼翼，多想真是那"海棠依旧"，却知道那是不可能。悄悄地，怯生生，似乎就听到心的怦怦跳。纯情的孩子，这时，还带着家乡泉水清凌凌的味道。

说花季，叹花季，花为谁开落？知否？知否？

那场宋时的雨，那阵宋时的风，还有那宋时生在李家庭院的海棠，还有那卷帘的丫头，都是多么幸运的景与人，一首词便让她们这样流传千古。吟了，唱了，醉了，美了，一念如梦。

◎ 醒时空对烛花红

莫许杯深琥珀浓，未成沉醉意先融。疏钟已应晚来风。
瑞脑香消魂梦断，辟寒金小髻鬟松。醒时空对烛花红。

——《浣溪沙》

　　少年那时，是心灵的荡漾，一切都似无处安放。问，无人答；答，无人懂。总有别人难解的渴望和希冀，总有独自的伤情与迷醉。

　　青春，是不问远方的飞翔，是说不清楚的迷茫。

　　哪个少男不善钟情？哪个少女不善怀春？时光潺湲，从明水百脉泉到汴京，她已渐至二八年华，有了女孩子的百般心思。这时节，也就寂寥了，也就伤怀了。她不再只有那份天真烂漫，而比那"绿肥红瘦"更孤单了几层。白日里还好，有人相陪嬉闹，还有那方家的诗词来往。最难过是那晚霞渐散，夜色漫漶。有没有月亮，都是心底的伤。

　　唉——长长一叹，在那高高的绣阁之上。

　　词牌名我都很是喜欢，三四字就是有意境、有情感甚至有故事的好诗词。而《浣溪沙》尤让我钟爱，总能想起唐人王轩那首诗：

　　岭上千峰秀，江边细草春。
　　今逢浣纱石，不见浣纱人。

　　那是浦阳江边的西施，"浣纱而鱼沉水"，是多么自在的美好年华，以后的岁月却再无自在，真是让人感叹。后人截取这段光阴来作了浣溪沙的词牌名，当是愿美好都常留世间吧。

　　李清照也用了这词牌名，但还是不自觉地一声长叹，还好，不是西施的疼痛，只是年华的低吟罢了。虽有柔肠百转，却无刻骨之殇。

酒，又是酒，果真就是痴客的杯中物。

那精致的酒樽的确是深了些，那泛着琥珀光的酒的确太香浓，可这些都不怪啊，只因那个他，让她还不曾喝几杯就已经神迷意痴了。远远的钟声传来，伴和在阵阵晚风里漫上了心头，缥缈柔软。

那可是大相国寺里的钟声吗？

相传，开封大相国寺规模宏伟，寺内亭台楼阁星罗棋布，既为佛家圣地，又是游人观光的好去处，平素本就人来人往，庙会时更是人山人海。李清照常在丫鬟的伴引下去那里游玩。那次偶遇一纨绔子弟强买一位老者的玉壶，纷争中冲出一青衣少年，力主公道，将那人斥退。少年知老者因家中突遭变故才无奈售卖祖上遗存的珍宝，遂舍金相助。这一小小是非之争，让李清照看到了正邪两颗人心，从此她那懵懂的情感里有了明确的牵挂。

花开也悄悄，花开只刹那。

两个男子，别样印象。岁月让人如此欣喜，一次偶然，成就了千古称羡的爱情。

如此想来，我倒希望那相遇能更美好一些，也许没有那小小的纷争，也就没了以后的恩怨纠葛。历史没有假设，一切都是那么无法改变地发生了，过往了。如此，让后来的我们才在掩卷之时有了更多的心头滋味。也罢，许多的残缺才是真实的生活，所谓的圆满，往往附着了许多的粉饰和敷衍。

夜，近了；夜，浓了。那隐隐传来的，就是大相国寺零落的晚钟。因为在她的心里，那是初心绽放的地方。她无视那个纨绔子弟，只记得那个英俊少年。

是谁呢？梦里醒来追问。

问了，知了，他叫赵明诚，一个前途似锦的太学生。

刹那，就是一生。当下浮躁的我们，还去哪里寻觅这样的爱情？浮华万丈，已是少有清纯了。哪里还有相思或是对饮成诗呢，总是烂醉如泥。

"兰陵美酒郁金香，玉碗盛来琥珀光。"李白一生爱酒，举杯高歌，以酒酿诗文，不知醉了多少人。李清照也爱酒，斟酒为词。她存留的诗词中十约有半和酒有关，那婉约的轻恨浅伤，淡怨浓愁，都一一泛着琥珀光，也醉了千古。而今夜的这词，不说相思，不说爱恋，小小的恼，不酒也醉。罗衣未解，浓妆未卸，倚了案几就睡了。她手边半展的是什么书卷？没有人共读，独自才更寂寞。"则为你如花美眷，似水流年"。

读什么也不重要了，李清照惆怅地醉了，醉里的梦一样花香月朦胧，还是醉。那是，心事绵绵泛起。

岁渐青春，岁渐相思。谁不是？

夜未深，瑞脑香却已经燃尽了，习惯了在这种芬芳之中睡觉的李清照悠悠醒来，断了好梦。这时她嗔怪起瑞脑香来，说香太短不经燃，但更让人觉得，她为听那钟声，当是打开了窗子的，也许是风吹灭了那香，也许是风吹醒了她的好梦。看，她接着又怪金钗太小，拢不住发髻，零零乱乱的，不成样子。怨这怨那，其实都是心底的念想难以平息，寂寞如流。

直怨的是，那个他几时再遇见？

断了那梦，醒来空荡荡的，也没旁人。小丫鬟呢，许是早早去侧房里睡了，毕竟那也不是她想诉说的人。还好，还有烛火相伴，摇摇曳曳的，说些愁绪。

杯酒、疏钟、晚来风，金钗、烛花、瑞脑香，五六短句，包罗庞杂，几乎不说情怀，但无一物不情意满满，由近及远，由远到近，条理有致，既映衬了作者平素生活，又展示了内心情感起伏。

从玩船、看水，到叹花、说梦，李清照一天天长大了。词中景与物的变换，也说明了她从小镇走向都市的生活变迁。以前她们身边都是什么？不过是藕花、鸥鹭、苹花汀草。如今呢？海棠、金樽、画阑、瑞脑香。从自然之趣，到繁华相邻。一个原本常常置身于田原之中的小姑娘，变成了才情高秀、深居闺阁的少女。

都说李清照是少拘于礼、多行于市的不羁女子。的确，她原本寄居于明水小镇，父亲不在身边，多有自由，骨子里有了这样的天性。而且她比当时的许多大家闺秀多了些诗词场所的行走，但从她的诗文之中，还是能感知到她更多的时候还是端坐绣阁的，不然怎会生发一而再、再而三的幽叹？另外还有重要的一点，李格非位居高官，再宠爱自己的女儿，也不至于让她放浪形骸。

李清照闻名于当时，更多的是因为她清丽自然、婉约俊秀的诗词。其实，她移居汴京多年，还是无人识得她的，就连李格非的至亲好友，也少见过她的容颜。相传当年大晟乐府因诗词之会力邀，她也是一再推辞的。后来听人说那庙会上遇见的青衣少年也将参加，她这才破例前往。

心有所爱，又怎惧那风霜雨雪？也由此让她混沌的愁绪，有了一次晴朗朗的绽放，决定了暖意融融的爱情走向。其实这之前她几次悄悄地出行，也多是为了再有大相国寺庙会那样的相遇。

其实不管是她自己，还是今天仰慕她的我们，都应该感激她有那样的天性，若不然，也就没了《漱玉词》，没了那段爱情，没了这千古第一才女。有的，也许只是这晚来风里惆怅的酒和"空对烛花红"的幽怨。

爱情，有时候真是需要一分勇敢。也许你半步的犹豫，就失了一世良缘。没有谁爱那彼岸花，只惹得断肠千年。

　　那窗，亮着，晒一夜清辉。不为等星星，不为等月亮，她只为等那颗心。

　　那窗，亮着，在千年之前的楼阁上。寂寞，是少时最美的诗词，在远方，也在心上，是了无尘灰的清纯。

◎ 和羞走，倚门回首

蹴罢秋千，起来慵整纤纤手。露浓花瘦，薄汗沾衣透。
见客人来，袜刬金钗溜。和羞走，倚门回首，却把青梅嗅。

——《点绛唇》

少年那时，时光妖娆，是那万般的美好。而少男少女的心事却似那花间的蝴蝶，倏忽而飞，倏忽而落，倏忽而远，倏忽而近，让人难以捉摸。但若人细了心，总会在那飘忽中寻到些什么。

那时李清照正是蓓蕾年华，从《如梦令》那"绿肥红瘦"中慵懒试问的春愁，到《浣溪沙》"醒时空对烛花红"的相思，心意点点，从模糊闲思到渐渐有所栖息，雾幔轻轻撩起。

爱意来了，那个他，正是梦里翩翩少年郎。遇见，竟然这样美好。

用所有的爱意，幻想这个世界，画一个未来的彼此。

这一天，太阳初起，她没有赖在床上，而是早早来到了后花园，独自荡起了秋千。

秋千，源起于人类的始祖，他们常常以藤蔓为索，在荡动中攀山越崖，后在春秋时期，成为北方人庭院中的游戏，以木架、绳索、踏板等构架而成。因荡秋千的飞来飞去的感觉，如心在云端，渐渐广为人爱，唐宋之时大盛于天下，而且各地多有秋千的变种。在我小的时候，还常见秋千架子，很为孩子们喜欢。尤其是女孩子荡起秋千，实在是美，再系一两条丝带，就是仙女在飞了。不过，现在少有荡秋千的了，偶尔在广场的一角会有类似的架子，但与在花间草丛中荡秋千，完全不是一个滋味。

想想，就叹一声：渴望富足，更需要快乐。

南唐词人冯延巳吟："罗幕遮香，柳外秋千出画墙。"

唐宋八大家领袖欧阳修咏："秋千慵困解罗衣，画梁双燕栖。"

而宋代的诗人李冠也问："谁在秋千，笑里轻轻语。"

诗僧惠洪的《秋千》诗，更是将女子荡秋千的风情描述得惟妙惟肖：

画架双裁翠络偏，佳人春戏小楼前。

飘扬血色裙拖地，断送玉容人上天。

花板润沾红杏雨，彩绳斜挂绿杨烟。

下来闲处从容立，疑是蟾宫谪降仙。

古代文人多写秋千，尤以描绘佳人为最。的确，秋千为女子所爱，荡秋千不仅可"摆疢"，更重要的是可"解闺闷"。想那时的女子，多居深阁，少在市井或是原野里行走，如此荡一荡秋千，那心中的闷恨，也就刹那间被风吹散了。

忽而天上，忽而人间，也不知这秋千荡了多久，李清照有些累了，坐在踏板上活动着自己有些酸疼的肩膀、发麻的手指。这时，她忽然发觉本就很薄的衣衫，再被汗水湿透，越发显出少女的娇媚身姿来，不觉竟然有些脸红。

一句露浓花瘦，又怎能只解作那清晨的景，我却当作李清照羞答答的自恋来读。

哪个女子不爱自己的青春？不可说与别人，不可让别人说破，这是一种美丽的幽怀。

一园阳光，四围花香，一位略倦怠的少女斜依在秋千架上，心事娇艳，恰似一幅精美的盛唐仕女图。谁知，这画面忽然被一阵脚步声打乱。

她急忙跳下秋千架，仅穿着薄袜就跑开了去。

那是谁呢，如此闯进别人家的后花园中？可是一个陌生的恶者，如此莽撞，如此无礼？

她正想恼呢，一个"客"字道破了来者的身份，那人她识得。

识得也罢，又何以惹了她这样的慌乱，鞋子也顾不得穿，金钗掉了也顾不得拾，就那样发髻散乱地躲避。本来快走几步闪向内堂，却又半侧了身，倚了廊门偷偷回头看。不想与来客的目光相撞，少女便弯一段绿枝在手，假装嗅闻青梅果。其实，那小小的果子成熟期还早。

走就走了，可谁惹了这怀春少女脸颊的绯红？谁又惹了她的回首？若只是一个了无情怀的人，她只会匆忙地闪到内堂了。

"和羞走"写得妙啊，说出了真相，道出了原委。

乱，若还有几分是因为衫薄衣湿的窘态，那羞，却透出了心旌摇荡。

的确，香艳的体态真的不好示人，但惹的却不是恼，不是恨，不是怒，而是粉嫩嫩的一个"羞"。

那当是一个翩翩少年郎，而且正是那个醒时梦里的心心念念，于是才有了她的欲走还回首。

那人，当是赵明诚。

虽然说赵明诚在酒楼上读了那"绿肥红瘦"词句，就许下了爱的誓言；虽然说李清照在大相国寺庙会上偶见那少年的正义之举，也萌动了初心。可这也并不能成为赵明诚深入李家后花园的理由，也难成为李清照如此之羞的因素。毕竟那不是真正的相见，只是彼此心底里的念想。

良缘，毕竟是天注定。这些如果只是心灵试探春天的设想，命运又给了他们踏向情感花开的诸多相遇。传那年京城大旱，烈日如炬，热流席卷天地，一时间草木萎败，庄稼枯萎，百姓日子苦不堪言。各地纷纷举行求雨仪式，以乞上苍普降甘霖，解天下苍生之苦。开封的求雨仪式在景德大佛寺举行，李远便求父亲带他去看热闹。李格非本有些犹豫，可爱子一再央求，他也只好答应了。李清照自是不肯错过这样的机会，于是三人便去了景德寺庙会。在这里，他们和赵明诚不期而遇。赵明诚的彬彬有礼，让李格非格外喜欢，并将儿子、女儿一一引见。于是有了李清照和赵明诚的第一次四目相望，有了两颗心的真正碰撞。

刹那，那些各自的思念，立时成了彼此的相思，有了情感的抵达。

从此，赵明诚和李远这一对相差了好几岁的少年，成了好朋友，这也成了赵明诚常常登李家门的好借口。

李清照的老前辈苏轼也是写过秋千的，他的《蝶恋花》这样写道："墙里秋千墙外道。墙外行人，墙里佳人笑。笑渐不闻声渐悄，多情却被无情恼。"

墙里墙外，行人佳人，两两不相见。谁多情，谁无情？谁又恨了，谁又恼了？

想那赵明诚也是读过这词的吧，他不想做那墙外的行人，他要笑可闻人可见，如许，才有了闯入花园的孟浪。

不求别的，只求遇见，哪怕片刻，哪怕只有目光一缕也就够了。

说来，命运真的很眷顾他俩，让他们初心成锦绣，相念、相识、相恋、相携，成为"赌书泼茶香"的神仙伴侣。

宋朝对于女子的礼教相对较为宽泛，但天下依然是男人的，或文章挥洒，或刀剑劲舞，可尽展风流。虽然偶有诗词，女子终不能登堂入室，待岁及婚姻，还多是在父母之命、媒妁之言中结了姻缘，从此寂寥一生。想那当时才情可与李清照齐名的朱淑真，虽有追逐爱情之心，熬败了花枝也难以成真，无奈在父母一而再再而三的逼迫下嫁了，在日子里周周折折落得一身狼藉，所写诗词也被娘家人斥为有伤风化而付之一炬，只留下了百不存一的《断肠集》，惹后人断肠。能留下几句悲叹已然不错，还让人有处可叹息，可扼腕。想那多少才冠四方的好女子，都无声无息地沉没于红尘之中了，甚至连一道泪痕都寻不见。说是那霜已落满了秋千架，也没等来让人"和羞走"的客人。

有人说，人生需要一次机会也许就可以，可岁月很多时候残酷得连一次机会也不给。让人不是遗憾于错过，就是落寞于不曾擦肩。记得有篇名为《你的肩膀上有蜻蜓吗》的美文，那是一个很让人心疼的故事，不过，那也是缘分。很多人的肩膀上，空空的，风都没有在那里栖息过。

青梅你嗅，竹马谁骑？红尘男女，都难逃宿命左右。

李清照却不，一步一心动，一步一相思。她念了，就遇了；她遇了，就爱了；她爱了，就举案齐眉了。初心即真心。她和他的相望，没有半寸江湖，不管那是几月，都有一案墨香如花，相坐成诗词。

情窦初开的李清照，青梅熟成红豆，在旧时光里，是一段无限美好的存在。

◎淡云来往月疏疏

髻子伤春慵更梳，晚风庭院落梅初。淡云来往月疏疏。
玉鸭熏炉闲瑞脑，朱樱斗帐掩流苏。通犀还解辟寒无？

——《浣溪沙》

世间的文人墨客，多写红绿文字。想想天地间若是没有花朵，真是清淡到让人心灰意冷。放眼四望，灵魂往哪里栖息？怎样的欢呼，也抵不了一场花开。

花开是一场艳遇，又岂止于爱？

花落是一次伤别，又何止于情？

所有的云卷云舒，所有的月圆月缺，所有的你来我往。花开花落，就是人生，就是世界，就是万物的谶语。

李清照作为一代词宗，又是一个女子，花在她笔墨里姹紫嫣红处处。谁又不说她的一生不是一场盛大的花事呢？天真的蓓蕾，多情地初绽，绚丽地盛开，委顿地零落。

一抹颜色的深浅，其实是一段时光的相送。去了，再不会回来。

初时的李易安，依水而立，红影娇丽，既有乡间少女的天真烂漫，又有书香闺秀的高秀清拔。她就是那一株红莲，近如邻家女孩，远如画中佳人。她也一直想做一个守己心、诉我情的女子，所以她的文字多来自生活日常，浅吟低唱，少有大起伏。

这词，也是如此，既不拘泥于礼教，又不肆意于旷野，收放在闺阁窗前的思绪。不忸怩，不做作，不粉饰，直说春心。

爱，便如此明了，是她的初心，也是她一生的格局。浮沉南北，爱恨两分明。

晚风虽然不再大了，但还有许多的凉意，日子是一天天向暖，本是应该欢喜的。可那雪里相伴一季的梅花，却开始凋落了。是真的吗？从最初的怀疑，到定睛审视后的确认，她好不失落。

梅花，多为人爱。我想是因为它的风骨，更主要的是开在空旷的冬天。它更多是给了人们希望，给了人们安慰。有谁不记得那最失落时候的一次相遇呢？茫茫苍苍，唯一的颜色会让你心生坚韧，可以让你到达远方的驿站。若于爱，会成为你一辈子里灿灿的一点红。想那林逋不就是吗？功名利禄都抛却了，爱梅花一辈子。大家都知道他的《山园小梅》写得好，尤其是那句"疏影横斜水清浅，暗香浮动月黄昏"。那"疏影"何以依稀？那"暗香"何以浮动？却原来是那一枚玉簪。

那当时雪中的相遇，如那梅的红。一别，再无爱，从此余生是孤山。

寂寞是一种色彩，清浅是欢，浓深是愁。

李清照的梅，只是小小的寂寞，还没有林逋那样的刻骨之别，所以只是清浅，只是闺中的冷欢。

那天的相遇，让人眼前一亮。好久再无消息，就像梅的零乱，哪有心好好打理一下发髻，梳理好了又给谁看呢？又有谁看？淡淡云影遮住的月亮模模糊糊的，也无法映照我的心。

乱发，晚风，落梅初。一个被风吹乱了发丝的少女，连整理一下的心情都没有，只是傻傻站在庭院之中，看那落梅，看那时隐时现的月亮，那是一个多痴情伤春的女子啊。

人说，心简单，景就简单。心有芊芊华章的李清照，情也自有千千结。点点花开落，点点心欢愁。一抹云的来，一抹云的去，就会惹得她阴晴不一，心神不定。那明明灭灭闪烁的，可是有人来约？

不敢看，却还是偷偷地看了。看了，就笑自己，笑自己傻，笑自己痴。其实，那本没有谁，不过是游移的月影在地上的飘忽，疏疏落落地晃了人的心。

那时候，总是盼着来到京城，觉得那高楼长街很有气势，那富贵人家的房间里摆着各种饰物真是美。可是来了，却觉得不是心里的好，真不如家乡自在。那时候和邻家的小玩伴可以这里那里疯玩，疯也疯了，野也野了，就像一朵开在田间地头的花，顶着鲜汪汪的露珠儿，多自在。如今，可不行了，这大京城，真是规矩多，去看一次庙会，还要跟爹娘央求很久。爹那里还好说话，娘那里总是要有些唠叨，说女子还是要端庄些。一句端庄，就如枷锁一样，断了李清照出去看看的念头。于是更多的时候她只能闷在庭院里，看着这伤感的景。

这一伤感，她也就没了心趣，呆呆地躺在低垂的小帐子里。帐子很漂亮，挂着一排五颜六色的丝穗。可这精美的幔帐却掩不住她的心事，遮不住她的寂寞。那玉鸭香炉里的瑞脑残香早就烧没了，可她真是没心情去重新点上一盘。让它空着吧，女主人的心不也是空的吗？谁又能点燃她的思绪呢？

忽然，她觉得冷了。柜子里好似还放着一块辟寒的犀牛角。其实，那本是父亲李格非的，可为了表达对女儿的爱，更怕女儿在冷冬里会不适应，父亲便特意给了她，并告诉她，这物件很珍贵，而且有驱寒生暖的功效。

李清照本来想去拿来看看，可又一想，那犀角，本来在父亲手里就已经存了很久，又在她这儿放了这么长时间，实在不知道还是否有取暖的功效。

她只在那里胡思乱想，怨忧着。

长大了，就是这样。越富贵，越冷清；越深闺，越寂寞。词句不着一个愁字，确是说透了愁，说够了愁。

这本是向暖的日子，李清照却说得如此凄冷。她不忍看那落梅，不舍那梅花的离去。百花盛开又能怎样，她就只爱这一枝，独爱这一朵。

李清照一生爱梅。在她的诗词里，梅频繁出现，说出了她的专情，说出了她的真爱。梅完全是她本心的呈现。

不要说什么千年的诺言，只要这一辈子，只要你唯一的相伴。有你在，就是花一样美的每时每刻。

其实，赵明诚就是李清照一眼的缘，只一眼，她就爱了，就以心相许了。她以种种的方式，靠近对方。赵明诚也是这样，见了，就爱了，爱了，就是一生。

心有一朵香，再无众颜色。这才是真正的爱情。

李清照和赵明诚，就是这么爱的。

也许有人会说，他们有过种种的情感曲折，这样的盛赞太不真实，至少太不严谨，有为了赞美而赞美之嫌。

爱情，不是一加一的数学题，也要容得了犯错。挽得回，唤得归，才说明他在乎，说明他一直没舍。多一点包容，才成就了许多的爱情经典。

李清照和赵明诚也如此，虽有波折，但终是一路牵手，相伴而行。赵明诚临终时"殊无分香卖履之意"的遗言，正是相许一生的证明。之后的李清照，虽历经蹉跎，她舍却万千，却不舍赵明诚的遗愿，将《金石录》编著完成，也是爱他一生的承诺。

> 皑如山上雪，皎若云间月。
> 闻君有两意，故来相决绝。
> 今日斗酒会，明旦沟水头。
> 躞蹀御沟上，沟水东西流。

凄凄复凄凄，嫁娶不须啼。

愿得一心人，白头不相离。

竹竿何袅袅，鱼尾何簁簁！

男儿重意气，何用钱刀为！

——《白头吟》

为爱寂寞，也是一种幸福。愿世间所有的爱情，都成为最美好的经典。

第三卷

寄幽怀，月移花影约重来

◎ 眼波才动被人猜

绣面芙蓉一笑开，斜飞宝鸭衬香腮。眼波才动被人猜。

一面风情深有韵，半笺娇恨寄幽怀。月移花影约重来。

——《浣溪沙》

许多人说这首《浣溪沙》不是李清照的词，文字里多些腐靡。其实这是她闺阁中的诗作，却惹了一些口水，让人颇为不解。

青春那年，谁没有过眼波流转？如是含苞芳心，本是小女子的明媚心思，却为何被误解为暗结私情？

想那唐宋八大家之一的欧阳修，一生身骨巍巍，少有让人攻讦之处，宵小之徒也就以词中的艳浮之句为由，污以腌臜之事。他的一些亲朋好友一边为之辩护，一边将那些辞章斥为不怀善意者的伪作，以清正欧阳修的名声。

人，本为喜、怒、哀、乐、憎、爱、恶七情之心，耳、目、口、鼻、身、意六欲之体，何以归一为冰清玉洁，不苟言笑？

文字大家更在性情之中，心中虚拟些美好有何不妥？何为春心，想入非非又何尝是错？想我们先祖《诗经》里的小欢小愁、小怨小恨、小悲小羞，是那般的至情至性，实在是千古的心灵烛台。我最爱的是闻一多先生的评说："汉人功利观念太深，把《三百篇》做了政治的课本；宋人稍好点，又拉着道学不放手——一股头巾气；清人较为客观，但训祜学不是诗；近人囊中满是科学方法，真厉害，无奈历史——唯物史观的与非唯物史观的，离诗还是很远。明明是一部歌谣集，为什么没人认真地把它当文艺看呢？"

善，是善者的天下；恶，是恶者的人间。

"山无陵，江水为竭，冬雷震震，夏雨雪，天地合，乃敢与君绝"，这般誓言的确不错，可以让人热血沸腾，但文艺又怎能少了令人柔肠百转的文字呢？

《诗经》有文《泽陂》：

> 彼泽之陂，有蒲与荷。有美一人，伤如之何？寤寐无为，涕泗滂沱。
>
> 彼泽之陂，有蒲与蕳。有美一人，硕大且卷。寤寐无为，中心悁悁。
>
> 彼泽之陂，有蒲菡萏。有美一人，硕大且俨。寤寐无为，辗转伏枕。

在那蒲草芊芊、莲花盈盈、兰草依依的池塘边，偶然相遇的那个你，可知道伤我有多深吗？想想就让我泪流满面。你是那么高大英俊，时时惹我暗自神伤。你若只高大英俊还好，可你竟然彬彬有礼，极有涵养，这让我夜夜难以入睡。

语调回环反复，情感渐深渐浓，这样辗转反侧的文字，真是有蚀骨蚀心的感觉，谁肯负了这般的痴情？这，让我感觉比那些铿锵的誓言更接近自我的心性。

《诗经》那时，艳遇遍地，爱情葳蕤，真如沟岭间蓬勃的草木。历史发展，礼教丛生，原本波光潋滟、明净如玉的男欢女爱，却被一点点扼杀，大都成了功利的卖场，真是违了情的初原，违了情的本真。灵魂里那花枝招展的天性，却要构筑成青砖灰瓦的壁垒，真无趣得很。

薄情寡义的我等，何以说是《诗经》的传人呢？有时回过头来，还偏要从那生气蒸腾的诗歌源头里，读出些不干不净的东西。

以伪驳真，激清扬浊，真是一种悲哀。

芸芸众生，谁还记得孔老夫子的那句"思无邪"？最美不过《诗经》，至花至草《风》《雅》《颂》。

好在岁月中有清流直下，千万年不朽，荡漾在浩瀚的人世中，翻滚在无垠的书卷里。

李清照就在这文艺的清流里，驾一叶扁舟，衣带草香，鬓有花红。

那女子是谁？

美丽的面庞轻轻一笑就像芙蓉花盛开了一样，香腮斜衬着宝鸭香炉更显妩媚，忘情地想象着甜蜜的那一刻，太沉溺其中了，掩不住那份激动，眼波轻轻一动，就被人猜破了心事。

被谁猜破了呢？也许是那小丫鬟。她蹑手蹑脚地走来，突然拍着手喊道："不觉羞，不觉羞，小姐害相思了。"小姐满脸羞红地追打着丫鬟："叫你胡说，叫你胡说。"

谁猜破的呢？也许是父亲。他一脸严肃地说道："是谁家公子惹了我家姑娘这样发呆啊？太不像话。"小姐扭动着身子，满是嗔怒地喊道："爹爹，你又取笑孩儿。"父亲哈哈一笑，又低声道："这怎么可能呢，如果有，那也是我家姑娘惹别家的公子发呆。"小姐也许又是那句流传千古的套词："孩儿一辈子不嫁，就陪着爹和娘。"

被谁猜破无关紧要，风华正茂的年岁，谁没有过爱恋的悸动？谁没有过被人猜破的心事？

"眼波才动被人猜"，多是初相思，清浅如月，纯洁如雪，不懂得隐藏，不知道迂回。就那么自我地傻傻地笑着，让人一眼就看透了心底的摇曳。

刹那相识，却是永远的心跳。一面之缘，却是难以忘怀，从此是心底最美好的存在。相见了，却惹了相思，你不来见我，我只好把幽幽的情怀写在信笺上。又爱又恨的话好多好多，却只写半张纸，写满了，少了女儿家的矜持，惹了人的嘲笑。只待那"月移花影约重来"。

云如轻纱，月色薄明，花影婆娑，那是多美的相约，那是多令人期待的重约。

说来李清照与赵明诚的确是相见过的。那次她与父亲和弟弟游大佛寺，虽然是一次不期而遇，但真正的会面也是有过的。那年大晟乐府举办诗词大会，李清照才情满京都，成了大会特邀的对象。而赵明诚在众多青年才俊中脱颖而出，有了近前为李清照研墨的幸运。

诗词唱和之间，李清照挥笔写道：

天接云涛连晓雾，星河欲转千帆舞。仿佛梦魂归帝所，闻天语，殷勤问我归何处。

我报路长嗟日暮，学诗谩有惊人句。九万里风鹏正举，风休住，蓬舟吹取三山去！

这首《渔家傲》深得世人称赞，称其有情怀，有傲骨，很有太白风骨。而多次近前讨好又屡被冷落的张汝舟恼羞成怒，言自古才情非女子之事，暗讽李清照不恪守妇道。赵明诚慷慨陈词，力挺李清照。

大晟乐府为大晟府的民间称谓，是宋崇宁四年（1105）设建的官署，掌音律。作为诗词歌赋之地，自然少不了栽花种草，想那夜诗词大会散罢，院内自是月移花影之景。也许赵明诚临别深施一礼，期待能再有这样的诗词相遇。

才子佳人是佳话，才子才女岂不更倾情于心？

这句"月移花影约重来"，是源于《莺莺传》中张莺莺的那首诗：

待月西厢下，迎风户半开。

拂墙花影动，疑是玉人来。

如果是因为这书的作者元稹而让李清照的这首《浣溪沙》不招人待见，并被斥为伪作，实在是不应该。元稹虽然为中唐时期的诗坛领袖，但情感泛滥，为众多人所不耻。想他求取功名的路途中，花言巧语骗情于崔双文，柔情暗通之后，却又扬长而去，并写下《莺莺传》，为自己诸般开脱。后为通达仕途，他又迎娶了名门之女韦氏。虽然他为这位亡妻写下了"曾经沧海难为水，除却巫山不是云"的爱情名句，但墨汁未干，他就与其他女子花前月下去了。玩情于莺莺，薄情于薛涛，移情于刘采春，一生风流，遗爱无数，的确是少些厚道。一句"月移花影"，于元稹可谓是巧言令色之诡诈；而于李清照，则是那月白风清的真意。

泾渭分明，本不可同论清浊！

◎雪里已知春信至

雪里已知春信至，寒梅点缀琼枝腻。香脸半开娇旖旎，当庭际，玉人浴出新妆洗。

造化可能偏有意，故教明月玲珑地。共赏金樽沉绿蚁，莫辞醉，此花不与群花比。

——《渔家傲》

李清照爱花，因为她有花的容貌、品德，更有花的情怀。她一生多写花木，因为只有花朵最适宜她的笔墨之香。她曾经责问屈子为何漏写桂花，其实她写桂花的诗词也不多，写梅的篇章却占大半。

这首《渔家傲》写的是梅，写的也是她自己。她品质高洁，也具风骨，哪怕她是闺房中的女儿之身，也不显纤弱。她把自己设想为梅，迎着寒风，傲立冷雪。一点灿灿的女儿红，洒清香于四野，惊醒了冬天的混混沌沌。

想那江采萍，被人列为十二花神之首，号为梅妃，深得唐玄宗喜爱，但一遇杨玉环就失宠了。这似乎也是一种命运的使然。想那杨贵妃号为牡丹花神，梅花到了牡丹盛开的季节，哪还有一点色香之影呢？梅妃渐渐为皇帝冷落也就在所难免了，不过她一恨之下裹了雪一样的白绫投井而去，虽很是令人唏嘘，但也透出了梅的不屈精神。

清代陈淏子在他的园艺学专著《花镜》里说："梅为天下尤物，无论智、愚、贤、不肖，莫不慕其香韵而称其为清高。故名园、古刹，取横斜疏瘦与老干枯株，以为点缀。"

汴京，并不是赏梅的圣地，但当时其贵为大宋的皇城，园林自是比比皆是，庙宇庵堂也星罗棋布，这样的繁华之地，雅俗共赏的梅花又怎么可能缺席？为此，这一枝香影常常俏生生地绽放在李清照的诗词中，也就不足为奇了。梅有"四贵四不贵"之说，意为贵稀不贵繁，贵含不贵开，贵瘦不贵肥，贵老不贵嫩，这似乎也是李清照一直追求的为人为文的精神。

李清照的这首词，虽然有傲雪的清姿，却又透出娇媚和羞涩。既有不忘孤傲的精气神，又情不自禁地透出心中旖旎的情思。

皑皑的白雪怎能掩住春天的消息呢？梅花点缀着玉树琼枝，若仙界的女子。梅花半开，就是那低眉一笑，蓦然回首，真是说不尽的旖旎。那清雅的梅竟似那出浴的美人。美人出浴，换了新妆，立于厅堂之中，那种体香、心香，真是美艳无双。

想那李清照、赵明诚几次有意无意的相遇，彼此钟情于貌，更倾情于才，在各自的眼神里也闪烁着激动的信息。可李清照毕竟是一个女子，是不好向父母表达什么的，也就常常独自想自己的心事，也就有了被人猜的眼神。赵明诚虽然是一个男子，可性格比较内敛，也不好开口说什么情爱之事，对李清照的相思之情，又使他彻夜难眠，正应了那《诗经》里的语句："窈窕淑女，寤寐求之。求之不得，寤寐思服。悠哉悠哉，辗转反侧。"

那天一家人共进晚餐的时候，赵明诚对父母说："爹，娘，我下午在书房里看书，本来是特有精神的，忽然间却迷迷糊糊伏在案几上做起梦来。"

母亲笑道："我儿到了娶亲的年纪，想来是梦见哪家的大小姐了吧？"

赵明诚连忙说："娘，孩儿专心学业，哪会想这样的儿女之事。不过，这个梦的确是有点奇怪。梦里一位老人递给我一本书，书中天文地理无所不含。孩儿以为天书，就认真阅读，可醒来只记住了似诗非诗的三句话。但我思量半天，这话到底是什么意思呢，却百思不得其解。"

父亲赵挺之听罢，说道："哦，哪三句话呢？诚儿不妨写下来让大家参详一下。"

仆人们急忙笔墨纸砚伺候。赵明诚提笔写下："言与司合，安上已脱，芝芙草拔。"

众人面面相觑，不得其解。赵挺之微微一笑，说道："这不是三句拆字隐语吗？'言'与'司'合，是个词字；'安'上已脱，那就是去掉上面，这是一个'女'字；这'芝芙草拔'么，这两字去掉上面的草头，就成了'之夫'二字。如此拆解顺读下来，就是'词女之夫'。如此说来，这是暗示我家明儿要娶一位诗词之女啊。"

这段故事在元人伊世珍的《琅嬛记》里有所记载，但我以为当不得真。想这作者伊世珍的名字，是有"隐世真"的语音和含意。《红楼梦》里的甄士隐不就是这样的意思吗？的确，赵明诚的白日梦未必是真，但以假梦托真情倒可能是确有其事。

自宋朝开国皇帝赵匡胤定下了以文治国的基调，朝野上下文化昌盛。女子虽然不能和男人一样指点江山，但女红之外研习诗词的还是大有人在的。可在当时名满京都待字闺中的，也只有李清照一人吧？

说来赵挺之与李清照的父亲李格非虽然同朝为官，又是山东老乡，可他们却分属新旧党派。但赵挺之却认真地去解了儿子梦中的三句话，一是他懂得儿子的心事，再则也认可这诗词之女。为此也说明他并不介意和李格非在政见上的不同，也侧面反映了当时他们的矛盾并不激烈。

解了，懂了，认了，一纸求婚的帖子也就到了李家。

正在深闺里相思着，小丫鬟匆匆耳语几句，那果然就是春天的消息。

　　李格非可以说是一个开明的父亲，可对于赵家的求亲，还是思忖了一番。当时新旧两党在皇帝的平衡下，还是能相安于朝堂的。可李格非的老师苏轼却不喜赵挺之，说他是"聚敛财富的小人，学识和品德皆无是处"。师兄黄庭坚也和他多有不睦，而好友陈师道和赵挺之虽是连襟之亲，但也水火不容。传陈师道去皇家祠堂守灵，但因家境贫寒，无衣可御寒，其妻便向胞妹，也就是赵挺之的妻子借了一件皮衣，当陈师道知道这是赵挺之的皮衣后，如遭大辱，大发雷霆，坚决拒绝。后来陈师道终因无衣御寒而感病亡故。可见他对赵挺之的成见有多深。

　　李格非和赵挺之的关系谈不上亲疏，只是有礼尚往来的交情，可亲朋好友的意见他还是不得不考虑的。妻子王氏见他如此犹豫，便道："官场里的纠葛，难说谁是谁非。咱家清照因了诗词之名，提亲者确有不少，无一不是达官贵族，但我们为什么都不曾应允？不就是想为她选一个好夫君吗？不知赵家的这位三公子，人品如何？"

　　说到赵明诚的人品，李格非的眼睛一下子明亮起来，几位朋友与赵挺之多有不睦，但他们对赵明诚却喜爱有加。他不仅是学业优异的太学生，专心于金石学术，小小年纪就已是业界行家，而且品行端正，毫无浮浪之气，在官宦人家的孩子中，恰似一股清流。

　　李格非夫妇权衡再三，终于应了这门亲事。虽然李格非属旧党，却也只是个边缘人物；赵挺之虽然属新党，但也不是核心要员，品行也并非不堪，多是因了党派之间的偏见。毕竟一个好的男子，才能给女儿一辈子的幸福。更重要的缘由，也是李格非夫妇懂了女儿"那被人猜"的心事。抛开众多的干扰因素，这的确是一桩门当户对的好姻缘。

　　宋徽宗建中靖国元年（1101）三月，礼部侍郎赵挺之家高朋满座，鼓乐喧天，李清照和赵明诚喜结百年之好。

　　时年，她十八岁，凤冠霞帔；他二十一岁，披红戴花。亮了红烛，揭了盖头，他们正是心中的彼此。那初遇时的莫名的心跳，梦里相约的等待，终成这一刻的四目相望。

她想了，念了，梦境却到堂前。娇美的梅花，又得明月相照，一切都是上天的偏爱啊！

一样的诗词之欢，一样的金石之爱，一样的清风心性，一样的明月品德。这般身影相照的爱人，夫复何求？

红尘男女，谁不追逐那份真爱？可多少人寻觅多年，却依然形单影只，回首年华，一片寂寥。若那贾宝玉与林黛玉、薛宝钗的情感缠绕，谁又说得清缘分的错综纠葛？若那陆游与表妹唐婉的错过，何处诉衷情？天地间，多少人擦肩而过，多少人相望成殇，多少人心无归处？

"镜之不幸而遇嬷母，砚之不幸而遇俗子，剑之不幸而遇庸将，皆无可奈何之事。"若那李清照后的朱淑真，若那著名女词人丁宁，不都是如此令人悲叹吗？可真是"荒草枯木雪纷纷，萧索了多少青春"。

然造化偏有意于李清照与赵明诚。

在最美的年华，遇到了最爱的人，从此"宜言饮酒，与子偕老，琴瑟在御，莫不静好"，这是上天怎样的厚爱？

共举杯吧，如此花美月圆的良宵，高贵的金樽闪闪发光，美酒泛着细细的浮沫，莫要辜负。醉了又如何呢？此时此刻，什么样的花能比得了梅的这份无限妖娆？

那是世间最美的梅，是那年那月那时的她。

◎ 徒要教郎比并看

卖花担上，买得一枝春欲放。泪染轻匀，犹带彤霞晓露痕。

怕郎猜道，奴面不如花面好。云鬓斜簪，徒要教郎比并看。

——《减字木兰花》

宋是一段与唐并称的繁荣时光，加之文人地位的空前崇高，注定了这是一个风雅的朝代。宋人爱花，以插花、簪花为时尚。花朝节作为纪念百花生日的传统节日，虽然由来已久，可追溯到春秋时代，多流行于上层人士的雅会宴集，而宋代兴盛开来，喧闹到了民间各个阶层，成为空前绝后的盛事。

爱花是社会的潮流，那卖花摊子也自然成了街市上随处可见的景致。一门一庭，一担一篓，百色如洗，众花摇曳，逗引着往来的客人。《东京梦华录》有文载："是月季春，万花烂漫，牡丹芍药，棣棠木香，种种上市。卖花者以马头竹篮铺排，歌叫之声，清奇可听。晴帘静院，晓幕高楼，宿酒未醒，好梦初觉，闻之莫不新愁易感，幽恨悬生，最一时之佳况。"而时在翰林图画院中供职的张择端，也自是忘不了在他的《清明上河图》中画两处花摊，来点缀汴京的繁华。

著录清廷内府所收历代书画珍品的大型文献《石渠宝笈》的跋文里，有金代张著的一段文字，说："翰林张择端，字正道，东武人也。幼读书，游学于京师，后习绘事。本工其界画，尤嗜于舟车、市桥郭径，别成家数也。"后人也就仅凭着这几十个字，猜测着张择端的生平。我在感叹时光的烟雨对历史的侵蚀的同时，却忽然想到了另一点：同在北宋末年，又是山东诸城老乡，他和赵明诚夫妇有过交集吗？作为收藏界的少年精英，赵明诚是否有收过张择端的墨宝，或是张择端可曾赠送过赵明诚画作？

新婚宴尔，浓情蜜意，李清照和赵明诚自是少不了出双入对，日子里有娇有嗔，有羞有嬉，正如这首《减字木兰花》。这是春天，新嫁的女子神清气爽，再不"懒梳妆"，再不"倦梳头"，早早地起了，那街巷里卖花郎的叫卖声，如那鸟的鸣叫，牵引了她的脚步。

南朝谢朓有诗句："喧鸟覆春洲，杂英满芳甸。"春天里，正是卖花的好季节，看那卖花担上，各色花朵，争奇斗艳，含秀吐香，着实迷人。小丫鬟围着花担转啊转的，看花了眼，回头问李清照："夫人啊，这些花都好看，应该买哪一枝啊？"李清照秀手一指："就那枝。"丫鬟看去，惊声道："哦，还是夫人有眼光。"

那是一枝含苞欲放的花，半开半合，带着朝露，映着晨曦，真是娇羞万千。李清照一边拿着花看，一边往回走，忽然就想："这么美的花，若是明诚看了，会不会说我的容颜不如这枝春花好看？"

"我才不管呢，今天倒是要问问他。"李清照思量着，盈盈地走进了院子，飘然闪进了书房，将花悄悄插在发鬓中，忽然就扳过正在看书的赵明诚的肩头，狡黠地问道："你说，是花美，还是我美？"

李清照虽生于书香门第，知书达理，可毕竟少小散养于家乡明水的小镇，偶然间还是会透出几分可人的小顽皮、小野性。能糅闺情于诗词，能立身于雅集词宴，能游走于庙会市井，无不是这种自然心性的展现。其实也应该正是这种异于别家女子的礼教之处，才让她被赵明诚宠着娇着爱着。

一句"徒要教郎比并看"，此词戛然而止，却包含了无限风情。赵明诚是如何回答的呢，想必众人也猜得到，他可不是那唐突佳人的痴傻之人，想必只一句就会是春风十里，那定是惹一阵开心的嬉闹，乱了书卷，乱了心房。

调皮于生活，娇恼于日子，如此，爱情才更波光潋滟。女子恼花恨花，也不过是对爱和被爱的一种表达，真真假假里，才显无边的风情。唐代就有首无名氏的《菩萨蛮》，也写下这般的场面：

牡丹含露真珠颗，美人折向庭前过。含笑问檀郎，花强妾貌强？
檀郎故相恼，须道花枝好。一向发娇嗔，碎挼花打人。

一个装憨发傻，偏去惹人恼；一个撒娇弄嗔，甩花儿打人，一幅活泼生动的男女逗趣儿情景。这样的日子，正是李清照初嫁时的好光阴，恰似"一枝春欲放"。

那时，赵明诚还在太学，也只能初一和十五回家小住。这般小别的相逢，更让李清照爱得痴狂。有一次明诚学假回到家中，却不见夫人来迎，正失落间，忽然丫鬟施礼，说有一太学的学友在书房里等候。赵明诚不待多想，转身进了书房。果然有一面目清秀，齿白唇红的少年正倚案读书，见他来了急忙起身行礼。

赵明诚一面还礼，一面却很是迷茫，实在想不起来有这般风采绝伦的学友，一时间竟然愣在那里。那人笑道："看学兄面带惊讶，实在不该啊。这才几日未见，难道兄台就忘了小弟不成？真是辜负了你我同窗共读的情谊。"

赵明诚定睛一看，恍然大悟，哈哈大笑道："你我何止同窗共读，我还和你同床共眠呢。"说完上前扯掉了那人的头巾，刹那间乌黑头发散落下来。原来那人是女扮男装的李清照。以后的日子，李清照也曾多次扮了男子，与赵明诚携手游汴京城，赏花问月，寻古觅旧。

如此这般的嬉闹，让两人的感情更加笃定。小情小趣，就是日子的点点花开，一路向前，遍地锦绣。

想那沈复在《浮生六记》里说到他与表姐陈芸的爱情，多是这般。

写到妻曾多次青衣小帽扮了男子，与他嬉戏于市井街巷，无不透着难掩的兴奋。他们品月赏花，饮酒读书，斗草簪花，听雨观水，出似手足情深，卧是琴瑟合鸣。他爱的就是有些离经叛道味道的她，如此相逗相撩，相戏相伴，也就将清贫的日子过成了一首锦词佳句的诗。终是那"情之所钟，虽丑不嫌"的真爱。

若女子活得不苟言笑，板正得不解风情，纵是美貌倾国，也不过是挂在墙上的画卷，偶尔养一下眼可以，着实是难以养心，一日又一日，也就索然无味了。

许多男女爱的散失，多是这般缺少起伏迂回的滋味。曲径通幽，爱情要表白，但不要直白。

诚然，爱情事关彼此，需要唱和。司马相如有幸，遇了卓文君；陈芸有幸，遇了沈复。当然，还有太多太多不幸的人，一辈子也得不到一句应和。朱淑真、苏小小，还有那画遍兰花的马湘兰，时光凋零了多少这有问无答的红颜？

夫妻百年，有问有答，有唱有和，若对联上下的工整，若词作前后的呼应，这才是好姻缘。

千年之前，李清照和赵明诚，一清，一明；她若是梅花，他就是白雪。他是她最美的和弦，铮铮琮琮相互应答着，平仄有韵，真是"琴瑟在御，莫不静好"。

◎ 却对菱花淡淡妆

晚来一阵风兼雨，洗尽炎光。理罢笙簧，却对菱花淡淡妆。
绛绡缕薄冰肌莹，雪腻酥香。笑语檀郎，今夜纱厨枕簟凉。

——《丑奴儿》

初见《丑奴儿》的词牌名，我常常独自笑出声来，很觉得这是一个女子任性的场景："我长得这般丑，你说你倒是喜不喜欢我？"如此直白地撒泼，倒也十分可爱。后来听说这词牌又名《采桑子》，感觉更有意思了。想那是一个采桑养蚕的女子，这样泼辣也合情合理。该是采桑女子常常出入劳作，晒得有些黑了，才问奴家丑不丑？

原以为这词牌下的文字，都是男欢女爱的逗趣，不过读了辛弃疾的"少年不识愁滋味，爱上层楼，爱上层楼。为赋新词强说愁"，才知道词中依然是青春年华的趣味。

我非常喜欢唐宋的文人轶事，但并不太喜欢欧阳修，这似乎与少年时在课本上读过他的《卖油翁》有关。不仅如此，他又偏偏在华发满头的时候把我心中那满满青葱少年味的《采桑子》写得老气横秋：

十年前是尊前客，月白风清，忧患凋零。老去光阴速可惊。
鬓华虽改心无改，试把金觥，旧曲重听。犹似当年醉里声。

虽对此，我依然把《采桑子》当成青少年的滋味去解，尤其是看到李清照的这首词被斥为伪作的时候，更是不屑。为何她清绝伟岸的情怀里，就不能有些这样心思旖旎的语调？

世间万千气象，无论阴晴雨雪，或愁或欢，都在于心，在于那看景的人。愁心看雨，那就是怨；欢心看雨，那就是情。

李清照的这首词，说是不合她巾帼英才的性情。词的真伪，姑且不去争论。如果说是违了她的情怀，怕是有很多人要说道一番。想那时她和赵明诚佳偶天成，情意浓稠，写些情愫诗词不是在情理之中吗？那些自说不食人间烟火的至清至高之人，才是真正的虚伪造作，违了人性，违了天性。

一个沉浸在幸福中的女子，还怎会矫情端庄，更何况那是夜晚呢。如此时刻，还写那懵懂的"绿肥红瘦"，还写那羞涩的"倚门回首"吗？

晚风十里柔情，夜雨一帘幽梦。

白日的炎热散去，明月在渐渐散开的云彩中时隐时现，如此良宵，实在适合弹一曲的。这里依然要说，断不是弹了一曲铿锵之音。那洪钟大吕之声，若是此时奏响，实在是大煞风景的，那更不会是才倾天下的李清照了。那曲，定然是风花雪月之音，正似风吹帘幔，雨打芭蕉。

风消了，雨歇了，曲儿弹罢，那是缱绻的宁静。收拾好琴曲，对着镜子再补一个淡淡的晚妆，也该休息了。更了薄如轻纱的睡衣，红罗帐里，新婚的女子尽显妩媚。只是，那檀郎呢，可还依着纱灯看书呢吧。"今夜纱厨枕簟凉"，风雨消了暑气，这般凉爽正好将息啊。一句闺房里的撩逗之语，真是风月无边。

为你巧梳妆，为你解罗裳。时光此时，正是这样。

对于婚后生活的甜蜜，李清照在《〈金石录〉后序》中有详细的描述，其你侬我侬远胜这首《丑奴儿》。相传他们婚后，不仅一起赋诗填词，更将研究文物金石这外人看来索然无味的事，一起做得活色生香。每有闲暇，俩人就一起游走于街市，一边娱心于时光，一边淘一些心意中的珍玩。那一时天光晴好，李清照夫妇一起来到了城东南的繁塔。繁塔，原名兴慈台，因建于天清寺中，又被叫作天清寺塔，俗名繁塔，"繁塔春色"为汴京八景之一，是游人香客舞乐逗趣、进香拜佛的圣地。

宋时的繁塔高耸入云，颇为壮观。当时开封著名的铁塔，高约六十米，应该说是相当雄伟了，可民谣传唱说："铁塔高，铁塔高，铁塔只到繁塔腰。"可见繁塔是怎样的高大。只可叹繁塔大部分在天灾人祸中被损毁，今天我们看到的，只是清代在剩余的三层塔台上重修的繁塔，已经远不是曾经的高度了。只是那铁塔倒叫得名副其实，历近千年的风雨，依然巍然不倒，在和繁塔的比拼中，终于熬出了头，有了"天下第一塔"的称谓。

繁塔的壮美，引得无数文人墨客登高眺望。宋仁宗年间诗人苏舜钦曾经叹道：

> 我来历初级，穰穰瞰市衢。
> 车马尽蝼蚁，大河乃污渠。
> 跻攀及其巅，四顾万象无。
> 迥然尘坌隔，顿觉襟袍舒。
> 俄思一失足，立见糜体躯。

这诗虽然写得不够精彩，却是相当的实在，真实地刻画了登塔者张皇的心态。那样的高塔疾风，谁还有胆去天高地阔地感叹一番呢？能吟出这样心惊胆战的感受已实属难得。据说和他同去的好友梅舜臣只仰头看了看繁塔就却步了，叹道："苟得从而登，两股应已挛。复想下时险，喘汗头目旋。"

这样的男子诗词大家，都是这般两腿打战，李清照陪着丈夫想来也是没有去登高一望的，不然定会写出花容失色的词句。

　　繁华壮丽的繁台景色，让二人流连忘返。李清照虽然香汗淋漓，却依然兴趣盎然。赵明诚却是心疼，便选了一家茶馆小坐。几盘特色小点心，一壶上等好茶，边品边聊。李清照对繁台一游很是满足，并坦言大有收获。她忽然说道："繁台之游，我忽然想起一件旧事。相公是否知道小宋学士填词得美人的佳话呢？"

　　赵明诚答道："你说的可是和欧阳公同修《新唐书》的宋祁吗？他的文章我是读过一些的，只是这诗词逸事还得请教夫人。"

　　李清照说道："当年，宋祁游繁台路遇一排宫嫔乘坐的车马，忽然一车上的帘子掀开，一美女大呼他的名字。因车马匆匆，宋祁并没看见那人，心事怅然中写下了一首《鹧鸪天》，词曰：'画毂雕鞍狭路逢，一声肠断绣帘中。身无彩凤双飞翼，心有灵犀一点通。金作屋，玉为笼，车如流水马如龙。刘郎已恨蓬山远，更隔蓬山一万重。'皇帝读罢此词急招宋祁入宫问及此事，宋祁只吓得魂飞魄散。皇帝却笑着命他平身，并将那个呼唤宋祁的宫嫔赏赐给了他。如此，不是一段风流佳话吗？"

　　赵明诚点头赞道："真是一段美谈。如此，仁宗帝也是一代开明君王。"

　　李清照又道："赵公子何不也填词一首，惹一段风流呢？"

　　赵明诚笑答："夫人集万千秀色于一身，更加以诗词倾城，夫复何求？"

　　李清照嗔笑他越来越油嘴滑舌了。

　　相携相游，相偎相依，即便是读书论文，也要生出无端的趣味来，每每猜道诗文、典故语出何处，哪页哪行，也要有得一赌。《〈金石录〉后序》载：余性偶强记，每饭罢，坐归来堂烹茶，指堆积书史，言某事在某书某卷第几叶第几行，以中否角胜负，为饮茶先后。中即举杯大笑，至茶倾覆怀中，反不得饮而起。甘心老是乡矣！

　　李清照善记，又长于诗词，每次都获胜。不过，这里赵明诚是否为了哄她开心，故意卖些不知？李清照果然是开心不已，想她是那冰雪聪明之人，定然也会识得玄机。她在"笑语檀郎"的时候，也定会问赵明诚一句："你说你是不是假意装傻啊？"

　　赵明诚连说没有，只道自己的确是笨。两人于是笑成一团，茶水也洒了一身。哪怕零乱一片，也是笑语欢颜。

　　一生如四季，若沾染了爱情，才是颜色渐好，待得鸳鸯同栖，就成了最美的春花开，怎样艳丽也不为过。沈复不是也在《浮生六记》的《闺房记乐》中这样写他和妻的缠绵么："入房，芸起直迎，握手未通片语，而两人魂魄恍恍然化烟成雾，觉耳中惺然一响，不知更有此身矣。"

　　新婚那时，笑闹怒恼皆是爱，晨昏错位，眼中只有彼此，哪管得了别人，如此一曲《丑奴儿》，可不是再平常不过？

第四卷

才下眉头，却上心头

◎ 霎儿雨，霎儿风

草际鸣蛩，惊落梧桐。正人间天上愁浓。云阶月地，关锁千重。纵浮槎来，浮槎去，不相逢。

星桥鹊驾，经年才见，想离情别恨难穷。牵牛织女，莫是离中。甚霎儿晴，霎儿雨，霎儿风。

——《行香子》

清人徐时栋说："人生得一知己足矣，斯世当以同怀视之。"一曲高山流水，情动百代光阴，铮琮不绝，让多少人感叹。纵是江山万里，又怎敌一人寂寞？有真爱同醉红尘，才是万般锦绣。

北宋末年里，就有这样一段时光。

新婚那时，生活不仅丰富多彩，也趣味万千，李清照抛却了闺中的寂寞，和丈夫赵明诚放眼于风物，畅怀于名胜，同心于诗词之工，又专情于金石之事，切磋互助，不仅伉俪情深，更是志同道合。真可谓郎情妾意，不羡鸳鸯不羡仙。

工于金石，多以财富为依托，只是那时赵明诚尚未出仕，日常支出多依赖父母。虽说赵明诚、李清照都出身官宦人家，但双方都家教森严，无论何处，都不会放纵儿女，为此他们集藏文物的乐趣也常受掣肘，不得不为节约日常开销用尽百般心思。

那一日，李清照正在把玩前些日新得的几件古物，赵明诚只着了内衣慌慌张张地闯了进来。李清照被丈夫这衣衫不整、大汗淋漓的样子吓了一跳，急问发生了什么事。赵明诚也不作答，只将怀中一堆东西小心翼翼地放在案几之上。原来赵明诚太学放假回家，特意绕道相国寺，那里有名动一时的文玩市场。这一绕，正好巧遇一相熟的摊主有好货出手，可他一时拿不出银两，就典当衣衫换回了这几件宝物。

为了金石之爱，李清照夫妇不得不拆东补西，但依然捉襟见肘。传一藏家，因家道中落，原将祖上留传的至爱——徐熙的《牡丹图》转让，但又不舍其流入江湖，知赵明诚是此间的道德玩家，便慕名找到赵府，以求为这幅无上神品寻一个好的归处。

徐熙是五代南唐著名的花鸟画家，《牡丹图》更是他的佳品中的佳品，让无数人倾心相求，只是后来隐于世间，难觅踪影。不想今天它竟然呈现在眼前，这让赵明诚夫妇大喜过望，但二十万的天价，使他们为难不已。虽然百般筹措，卖家也诚意满满，几次调让钱款，但是李清照夫妇还是难以凑足银两，终于在三日后，不得已将宝物归还。如此错过珍爱，赵明诚一时失魂落魄，叹息不止，好在有李清照相伴相慰，几日后心神渐定。

日子虽然不富足，但依然诗情画意。

千百年来，人世间的事千回百转，光阴又怎会始终守一？也许举家相欢的温暖，一转眼就剩下你独自的惊慌失措，那么突兀。说不尽，世事难料。

北宋的朋党之争，起于宋真宗时期，朝中的派系争斗，种种纠葛不曾止息，在宋仁宗时期又起狂涛，真正形成"旧党""新党"之说。到宋神宗时期，王安石变法将朋党之争推向另一个高潮。宋徽宗继位之后，最初注重平衡党派关系。但1102年，他对蔡京的重用，使朋党之争陡然激烈，朝堂之上顿时血雨腥风。

说来，李清照的父亲李格非热衷于学术，并不十分关心权势之道，但作为旧党要员苏轼的门生，也就被无端卷入了这次大洗劫，被列入《元祐党人碑》。

然造化弄人，李清照的公公赵挺之，却因是新党首领蔡京的臂膀而坐上了尚书右仆射（右丞相）的高位。如此儿女亲家，却成了势不两立的泾渭之流。

李清照自小深得父亲宠爱，父女感情深厚，父亲遭此一劫，她自然心急如焚，面对父母日渐憔悴的面容，她更是悲痛欲绝。她不顾新婚少妇的身份，恳求公公出手相帮，然公公却对她"何况人间父子情"的求告充耳不闻、无动于衷。更让李清照惊讶万分的是，赵挺之为了攀附蔡京，巩固自己的权位，更是力主罢去李格非的官职，将他逐出京城。

李清照震怒了。在她看来，公公赵挺之颇有落井下石之意，她向公公发出了"炙手可热心可寒"的怒斥。这在当时礼教森严的社会，无异于大逆不道。在朋党之争的余火下，她终遭池鱼之灾。"诏禁元祐党人子弟居京""诏宗室不得与元祐奸党子孙为婚姻"，一道道恶诏，终让一逃再逃的李清照再也逃不掉，如此，李清照不得不离转京城汴京。

从夫唱妇随的新婚甜蜜，到独居家乡的孤寂，这种冷暖的更迭，让她从缠绵的闺阁情怀中走了出来，从此她的词里又多了人情的感叹、世事的深邃。这首《行香子》就是她渐行向岁月深处的笔墨。

那年，她在明水小镇。

七夕，原本是团圆之时，想那隔了迢迢天河的牛郎织女，也得了鹊桥的相拥。而李清照却独听冷冷的虫鸣，独对落叶瑟瑟的梧桐。

秋虫凄切，惊落了梧桐叶片片零落。初别丈夫赵明诚，她悲伤到了极点，以为两人从此"关锁千重"再不相逢，离恨别情无穷无休。但她守望梧桐祈求再见之时，怕此去经年。

蛩，指的是蟋蟀，这种乡野之物的出现，立刻点明了李清照身在何地。鸣，却是说明了时间。蟋蟀，只有夜里才唧唧嘟嘟唱响。秋夜清清，鸣虫幽幽，起笔的细腻看似展现了词人入微的洞察力，实则是因她在凉凉的夜里伫立了良久。

古人有诗："雁外无书为客久，蛮边有梦到家多。"小时候，我也卧听蟋蟀鸣叫，毕竟年少，却只得趣味，漂泊多年，渐渐听出了乡愁。一两声的零落，那是他乡的怀念，而众声齐鸣，那定是回到了乡野，回到了家乡。于很多人而言，重回家乡是一种温暖，而于李清照却如一场惊梦。她的北方没有芭蕉，却遍落了一院梧桐。

梧桐，又名庭梧，很早就成了人们喜爱的庭院植物，不仅因为"凤凰非梧桐不栖"的美好传说，更多的还是爱这枝叶的唯美诗情。《齐民要术》中载："移植于厅斋之前，华净妍雅，极为可爱。"更有南朝著名文人谢朓赞道："孤桐北窗外，高枝百尺余。叶生既婀娜，叶落更扶疏。"明朝的陈继儒很是为人诟病的，号为隐世，却又多游走于高官显门之中，不过，他的《小窗幽记》还是为人称道，其中有这样一段："凡静室，须前栽碧梧，后种翠竹。前檐放步，北用暗窗，春冬闭之，以避风雨，夏秋可开，以通凉爽。然碧梧之趣，春冬落叶，以舒负暄融和之乐；夏秋交荫，以蔽炎烁蒸烈之威。"这里点透了文人雅士热爱梧桐的因由。

这种立于庭前、守于家门的嘉木，也寄托了与家相依相通的情怀。"东西植松柏，左右种梧桐。枝枝相覆盖，叶叶相交通"，这里似乎是暗喻连理枝的爱情。而温庭筠的"梧桐树，三更雨，不道离情正苦。一叶叶，一声声，空阶滴到明"，这般景致的描述，与李清照听秋虫鸣叫毫无二致。晏殊的"别来音信千里，恨此情难寄。碧纱秋月，梧桐夜雨，几回无寐"，如此夜不能寐的相思煎熬，不就是当下的李清照吗？白居易的"春风桃李花开日，秋雨梧桐叶落时"，虽然说的是杨贵妃，但也正合了此时的李清照。遥想京城那时新婚的如胶似漆，感叹当下深院寂寥的愁云冷月，怎不心生悲情？

更何况如此七夕，牛郎织女已相见，而词人和深爱的丈夫呢？"纵浮槎来，浮槎去，不相逢"，他们竟不及那人与仙天高地远的期盼。

遥望中的爱情，是残忍的。天大地大，却为何容不下相亲相爱的一对璧人？他们无意于政治的争斗，却被无辜卷入这朋党风云，被打得踉踉跄跄，各奔东西。只想静静地相守阳光和彼此，竟如此之难。

静听虫鸣惊梧桐的李清照懂了，人间如此瞬息万变。晴是一霎，雨是一霎，风是一霎，乱了流年，伤了梧桐。一代词女李清照，纵是你心性玲珑，有不让须眉之才，又哪能周全了这命运的阴晴？

1103 年，双十年华的李清照，却不得情感圆满，独在明水百脉泉边，清影冷照。溪水中，点点花叶漂流，千回百转，却走不进大宋的汴京。那里，城墙太高，城门太厚。其实，它也不过阻隔了一个诗词女子的爱。当面对金兵的刀枪时，它是那样的弱不禁风，也不过是徒有其表的壁垒。如此，大宋的山河，也是"霎儿晴，霎儿雨，霎儿风"了。

世间万千，没有谁可逃过岁月的激流。

◎ 又还秋色，又还寂寞

临高阁，乱山平野烟光薄。烟光薄，栖鸦归后，暮天闻角。

断香残酒情怀恶，西风催衬梧桐落。梧桐落，又还秋色，又还寂寞。

——《忆秦娥》

少年的相思，多是天马行空，点点繁花不过是青春的闲愁。而那伉俪情深的分离，尤其是明日未知的相别，那种忐忑中的想念，才刻骨铭心。

一路向东北，那种一步三回头的痛楚，不知洒下了多少泪。河南与山东虽说是紧紧相邻，可对于李清照来说，这一去，却似那天涯海角。

从开封到章丘，那千里的长路上，是否开满了相思草？

这草，若以温暖相待，便可四季花开，娇美万千，一遇苦寒，便委顿憔悴。这不就是人间实实在在的相思吗？

相思一别就断肠，这草，又叫断肠草。

家乡，已别离了十几年，老宅还在，泉水还在，那些梧桐，那些杨柳，也都还在，只是更粗了更壮了。临了高阁，凭了画栏，本来想那"惊起一滩鸥鹭"的童年时光也很不错的，可这里没有一眼千年的他，怎样的风光，也徒惹满怀的相思。

崇宁二年，也就是1103年，赵明诚出仕为官。他也许会在公务的忙碌与应酬中放下情感，不染寂寞。可李清照呢，一个诗情画意的女子，本就情思细腻，如此天各一方，怎不让她敏感的丝弦上相思如雨？

人生百年，悲欢离合是平常。然而轮到了自己，欢合谁不喜，悲离谁不愁？没有人能做到荣辱不惊的洒脱。

李清照虽然是"天下第一才女"，但她也不能。

红尘滚滚，世间男女为爱而生，为爱而活。"执子之手，与子偕老"，这是多少人的念想？有一个人陪着自己慢慢变老，那是世间最大的福。

遇了，爱了，相拥了，那是多大的欢喜，突然的相别，却是让人承受不起。李清照和赵明诚结婚短短两年，情感正浓，竟遭受这样棒打鸳鸯的劫难，她不敢相信，也不想相信；不想承受，也难以承受。

家人们看到李清照如此低沉的样子，很是难过，为了缓解她的情绪，便命仆人和丫鬟陪她去镇南的水边走走。虽不是花开的季节，但一湖宁静的秋水也很沁人心脾。在丫鬟的搀扶下，她登上了一只小船。这情景说来熟悉，那桨声初响的时候，也勾起了她一点少女时的激动。然而心有相思，她又如何沉得下心来呢？恍惚间，李清照一个趔趄差点掉进水里，危难时候她竟然大声惊呼："明诚，救我。"

这一声喊，惹得丫鬟掉下了泪。

无心于游湖，李清照茫然地在岸边徘徊，忽然发现不远处有一座观景的楼台，便急急忙忙提了裙衣爬了上去。她站在那楼阁的高处，痴痴地望向西南。那里，是汴京，是大宋的都城。那里，是赵明诚所在的地方。

爱了那一城，只因那一人。

世人皆知，李清照是一个颇具家国情怀的大词人。然而此时，国还在，她不必思国，唯有念家。而她的家呢？在汴京？在明水？

何谓家？与爱的人相守的地方就是家，无论高屋，抑或草堂。而她不能，她只能远远地望着。这一望就是痴情，这一望就到了"乱山平野烟光薄"的黄昏。

天色渐晚，祈福求愿的香也已燃尽，灰烬一截截断了。那里一堆零乱，而酒也将尽，只残留一滴在杯底，没了滋味。又是梧桐啊，只是似南方的芭蕉，写不尽的相思在西风里零乱，和那时一样是秋色零落，和那时一样的心情寂寞。

世间多情最是女子，她们在历史里诉说着爱恨情仇，多少相思难回首。被政治之祸牵连回老家的李清照更惹相思，于是有了这首《忆秦娥》。

《忆秦娥》这个词牌名，缘于一首小令《箫声咽》：

箫声咽，秦娥梦断秦楼月。秦楼月，年年柳色，灞陵伤别。

乐游原上清秋节，咸阳古道音尘绝。音尘绝，西风残照，汉家陵阙。

传此小令为大诗人李白所作。看文字的气势，确有诗仙的味道，但也颇受人质疑，因为唐人编校的《李太白全集》中并未收录此词。这首小令的出处虽无定论，但还是多被收录在李白名下，这似乎是和他的一首《凤台曲》诗有关，诗曰：

尝闻秦帝女，传得凤凰声。

是日逢仙子，当时别有情。

人吹彩箫去，天借绿云迎。

曲在身不返，空余弄玉名。

李白对弄玉非常怀恋，又怎么做不得一首《忆秦娥》的小令呢？李清照也写《忆秦娥》，她何尝不羡慕秦娥？天地悠悠，同飞同栖，好一对神仙伴侣。

此时，她独临高阁，想到了那天她和夫君赵明诚同游天清寺。暮鸦声声，却不是那云际里的玉箫，惊了梦里人啊，又归了寂寞。此时此刻的李清照，又黯然神伤。

柳永曾在他的《蝶恋花》中写道："伫倚危楼风细细，望极春愁，黯黯生天际。草色烟光残照里，无言谁会凭阑意。"

蝶恋花，忆秦娥，同在宋朝的他们，一样的寂寞啊。

有人说，这首《忆秦娥》是李清照对山河破碎的感叹，而我更愿意解读为她的相思。国难是秋色，但不是寂寞，那是寂寥，是风乱云急。更何况《忆秦娥》这情切切、意绵绵的词牌，写国难太柔软了一些，少了那萧瑟破碎之感。

一花一世界，一叶一菩提，这当是对一人的禅意。对众生来说，何尝不是一花万世界，一叶万菩提呢？

读诗词文章，亦是如此。

◎ 云中谁寄锦书来

红藕香残玉簟秋。轻解罗裳，独上兰舟。云中谁寄锦书来，雁字回时，月满西楼。

花自飘零水自流。一种相思，两处闲愁。此情无计可消除，才下眉头，却上心头。

——《一剪梅》

世间的离别，属青年男女之间的最惆怅。泪眼遥望着泪眼，相思勾连着相思，从白日里直纠缠到夜梦中。远里近里，再无舒心的景致，都是那亦风亦霜的悲切。

说到相思，谁又不想起王维的那首《红豆》：

红豆生南国，春来发几枝。
愿君多采撷，此物最相思。

少年那时只知道读了这诗，却哪懂了什么相思，全然忽略了青春那时枝叶的萌发，也就错过了许多。等你懂了，却是一地零落。

李清照是懂了的，一个"却把青梅嗅"的羞涩，就抛下了自己的红豆。

李清照有了那个回眸，赵明诚认定了那个她，也就成就了秦晋之好。可许多的事，看到了开头，却猜不到结局。而那开头与结局之间的曲折，更难捉摸。

秋日相别，格外伤怀。关于此事，元代伊世珍曾在《琅嬛记》卷中引《外传》记载："易安结缡未久，明诚即负笈远游。易安殊不忍别，觅锦帕书《一剪梅》词以送之。"

这样的画面，于今天的我们看来是暖意满满，心生感动，可于那时的他们，却是怎样的惆怅。

荷花败落，芳香渐淡，竹席也愈发地沁凉了，季节在秋，心更在秋啊。秋，多伤怀。词人更寂寞，轻轻提起宽大的罗裙，独自踏上一叶兰舟，原本是要排解心中的那份相思的，可那船已经不是小时候"误入藕花深处"的那船，哪还有那种无忧无虑。任由谁再努力，也找不回那童年，找不回那毫无杂尘的单纯。才子佳人的心也许更亲近童年的美好，但那种怀想的痛苦或许更浓。李清照似乎就是这样，稍有别离，就伤感万分，成了坐卧不安的孤独。

秋天的天空很清澈，可以把想象铺得更舒展。谚语说："七月八月看巧云。"如此美天美云的季节，是可以寄托相思的，那白云里可会有你寄来的锦书？可望断那南飞的大雁，也没有捎来一丝远方的消息。天色晚了，月色如水，凉透了西楼，更凉透了那望远人的心。

花凋零着它的凋零，水漂流着它的漂流，哪里懂了这时节的相思呢？没有人懂，远方的你，等待的她，是一样的愁。

李清照的愁虽然少了家国情怀，却一样是从眉头刚刚舒展，却又郁结在心头。

与赵明诚的小别，只不过是李清照轻吟的闲愁，谁想，别的更远的是她自己。真的是"独上兰舟"了，迢迢长路，放逐回乡。

新婚的红烛正亮，迎来的不是西楼月，而是窗外的狂风。

秦晋之好泛指联姻之美，但最初是源于政治。李赵两家喜结良缘，其实和政治没多大关系，多都是遵从儿女之心。可谁知又归于政治，还原了秦晋的本意，真是让人感叹。朋党的风波就这样吹乱了他们无辜的红罗帐，千里相别，就是这无言的伤。

《一剪梅》词牌下的代表作，除了李清照的这首，还有同时期的词人周邦彦的《一剪梅·一剪梅花万样娇》：

> 一剪梅花万样娇。斜插梅枝，略点眉梢。轻盈微笑舞低回，何事尊前拍误招。
>
> 夜渐寒深酒渐消。袖里时闻玉钏敲。城头谁恁促残更，银漏何如，且慢明朝。

说到周邦彦，似乎正是他一手促成了李清照和赵明诚的婚姻。他当时就任于大晟乐府，因邀请李清照参加诗词大会，才有了李清照和赵明诚真正的相见，也就有了那"约重来"的美好想象，成就了一段美好的姻缘。

原以为岁月静好，现世安稳，谁知"于无声处听惊雷"，原本无国计无国谋的宋徽宗，突然朱笔一勾，令人刻成了《元祐党人碑》。他的真书的确很规整，但三百零九人及其家庭的命运，陡然成了一片瓦砾。

宋徽宗，一个好笔墨、善丹青的皇帝，却把最有才的词女逼到如此地步，着实让人扼腕。不过，想当时更有名气的苏轼，不是被伤得更深吗？文艺遇到政治，是如此的苍白无力。然而，赵佶自己何尝不是亲手破碎了祖宗的江山，让自己陷身金国，受尽凌辱呢？文艺面对金戈铁马，更是不堪一击。今天看他的"瘦金体"，虽有瘦硬，但毕竟太过纤巧，有文艺的清新，却缺少纵横江湖的气势。

身后一片山河的破碎，说不尽的命运轮回，世道变迁。宋词这闲来的娱乐载体，只在意了风花雪月，悲情伤秋，致使浩浩国土只如宋瓷一样的唯美，少了内在的筋骨，面对金人铁蹄的践踏，也就碎成一片狼藉了。唯在这刀枪之声中的宋朝末期，才有了岳飞那"三十功名尘与土，八千里路云和月""壮志饥餐胡虏肉，笑谈渴饮匈奴血"的万丈豪情，才有了辛弃疾那"醉里挑灯看剑，梦回吹角连营"的激情。只是，这样的铿锵之词来得太迟了，岳飞也只能梦断风泊亭，稼轩居士也只能在"听取蛙声一片"里了却余生。

"春花秋月何时了，往事知多少。"宋太宗当年羞辱了李煜，他又怎会知道多年之后，他的后代也遭受了同样的羞辱？或许他举着金樽还嘲笑李后主"小楼昨夜又东风，故国不堪回首月明中"的多情。然而，赵佶那"彻夜西风撼破扉，萧条孤馆一灯微。家山回首三千里，目断天南无雁飞"的悲咽他是否听得到呢？若他地下有知，不知该是怎样的慨叹，如此，也许他会后悔没有善待李煜吧。

怎奈是：

人生代代无穷已，
江月年年只相似。
不知江月待何人，
但见长江送流水。

好在李清照此时只是愁，却不是李煜和赵佶那样的悲。一乡一城的相望，终不是异国他乡的远隔，一切，还有回转的机会。

◎归来也，着意过今春

春到长门春草青，红梅些子破，未开匀。碧云笼碾玉成尘。留晓梦，惊破一瓯云。

花影压重门。疏帘铺淡月，好黄昏。二年三度负东君，归来也，着意过今春。

——《小重山》

任世间是怎样的寒，也掩不住草色萌动，即便蹒跚，春还是要来。

崇宁五年（1106）初，宋徽宗毁弃了《元祐党人碑》，并诏告天下："赦天下，除党人一切之禁。"

党禁解除后，李清照的父亲李格非获得了"监庙差遣"的职位。这也意味着李清照可以重返京城，回到赵家。经过这次变故，她百感交集，写下了这首《小重山》。如此祸难，不说大劫，真也如几重小山的翻越。

又见京都，又见春色，虽然乍暖还寒，终究是回来了。

意料之中，意料之外，谁能想长门也会有春天？说到长门，自然会想到司马相如的《长门赋》。汉武帝刘彻少时，遇到表姐陈阿娇，见其风情如花，誓言若能娶得，必筑金屋藏之。后刘彻称帝，果然立表姐为后，并极尽宠溺。金屋藏娇的故事到了这里，也是万般欢喜，着实圆满的，我们每遇爱意浓浓之事，总是拿出来形容一番。然岁月不居，时节如流，读了《长门赋》才懂了金屋的破败和凋零。相传这位陈皇后恃宠骄横，狂放不羁，终落得逐出后宫，罢黜长门宫的下场。陈阿娇不甘冷落，遂命人礼赠百斤黄金，请司马相如写下了情切切、意绵绵的《长门赋》，以求刘彻的原谅，重修旧好。却怎奈落花有意，流水无情，长门宫终是野草萋萋，千古荒凉。长门，也就成了冷宫和寂寞的意指。

真是世事如棋，那彼时可赞的金屋，却是此时可叹的长门。如此想来，这金屋藏娇的成语，还真是要慎用了。

大诗人李白也在《长门怨》里写道："天回北斗挂西楼，金屋无人萤火流。月光欲到长门殿，别作深宫一段愁。"

李清照也叹长门，在她以为，因朋党之灾离别汴京，孤居一方，虽然不是自比陈皇后，但却体会到了长门宫之冷。李清照的确不是陈阿娇，京城突然传来好的消息，她自以为春风不度的地方，又有芳草萋萋。

枝头还冷，梅花已经破寒绽放，一点一希望，一色一曙光。回到京城，回到她和赵明诚的书房，那好久没人动的茶，都已经碎成了一粒粒的尘末，就像心中的念想，被时光碾碎。但一直没有失望过啊，还是像玉一样闪烁着，留着梦。一遇到东风的召唤，就像种子一样又给你一段惊喜、一寸春色。

既有寂寞的长门冷，又有茶遇春的执念，那是在明水老家的李清照。如今回到汴京，她高兴万分，又可以与爱的人在一起了。那一层层的花影，掩映着一重重的门，一步一步，春色浓了，春色深了。透纱的窗帘铺一层淡淡的月色，多么美好的黄昏啊。

说到"好黄昏"，她在不久前的诗词里写到黄昏，还是在"悲寂寥"，如今又叫起好来，真是一时一景，一时一情。那时的愁，这时的欢，只因换了人间。

明水小镇，终究不似长门宫之冷。只可叹光阴似流水，不想这两年竟然三次错过花开。其实，不管身在何处，花都是要开的。她的家乡也有花开，可对于孤独的她来说，那就不是春天了，任怎样芬芳万千，都不是她心头的春色。与相爱的人同行，才是最美的春天。她欣喜地对亲爱的人说：我回来了，这个春天，我们定要好好把握。斗诗、品茶、弄金石。

早春的黄昏，二十三岁的李清照倚着赵明诚感叹时光好美。

李清照的归来，是诗词的幸运。不然，也许我们真的没有《漱玉集》可读，那样，宋词的篇章会少多少颜色。

负了东君，是叹失去的美好时光，何尝不是李清照自觉负了赵明诚呢。几分叹息，又是几分愧疚，唯有更加相亲相爱相惜相守，才明了：唯有简单才是最贴心的幸福。

此时，赵明诚也同样懂，虽然他身任掌管礼宾的差使，却从不拖沓公务，总是及时回家，与李清照共话别离，共谋明天。相敬如宾的他们，更相爱，更相助。赵明诚在诗词上有了长足的进步，李清照在金石方面也渐成行家，每遇古物，她都能说得头头是道。在收集文玩字画上，她由最初的只能在一边看个热闹，到渐渐独当一面。因为赵明诚的出仕，有了俸银，日子就少了些窘迫，其文物收藏事业，才真正开始，并渐成气候，有了一定的规模。"日就月将，渐益堆积"，李清照和赵明诚成了京城里最负盛名的金石夫妻。但他们从不将此视为谋得财富的手段，而是将这赏玩之举，当成事业来爱。他们求宝有德，决不坑骗。不仅卖家多登门推介各种宝物，买家也是常来求教疑难，于买卖两家，这对金石夫妻都大有口碑。

相传李清照夫妇重游相国寺时，有一个人将他们带至偏僻之地，从衣衫中展出一幅字画。赵明诚一看，竟然是自己一直牵念的前朝名家之作，不禁惊喜万分。不想那人竟然要价太低，这让李清照夫妇深感疑惑。卖家连说是因为家中有人重病，才急着低价出手。虽然卖家言语有些慌张，却也十分真诚，于是二人便掏了银两将宝贝收入囊中。

但夫妇二人很快就不见了笑容。李清照猛然忆起在一部典籍中有记载，此画乃相国寺的藏宝。他们更感此事奇巧，便拿着古画见了寺中的住持。住持大吃一惊，到藏宝阁中一清点，才知少了许多的宝物。经查，原来是寺中不良的和尚，与市井顽徒勾结成盗。李清照夫妇也将那字画完璧归赵。住持大为感谢，并将所花银两如数偿还他们，二人执意不收，直言此为捐香供佛之举。

说来李清照能快速识得古画的来历，其实和她的公公赵挺之有一定的关系。朋党之乱，让李清照曾经对公公很有怨恨，但赵挺之的发迹，也给赵家带来了诸多好处，三个儿子都得以为朝廷所用。父亲身在高位，赵明诚就有了出入馆阁之机，也就接触了大量不为外人所见的金石要典、皇家秘籍，并且常常带回家中和李清照一起阅读，每有精要，李清照也多有誊抄，并记在心中。为此看到那字画，她也判断出了那必定是盗偷之物。因为寺院的宝物，即使是遭遇灾祸，也少有出售，难以流出，更何况当时寺庙正值鼎盛呢？

也正是阅读这些典籍，让赵明诚有了编写《金石录》的想法，更为他的编写提供了翔实的、权威性的资料。

有人说："这短短的一生我们最终都会失去，你不妨大胆一点，爱一个人，攀一座山，追一个梦。"

赵明诚爱了一个人，也开始追一个梦。李清照也爱了一个人，与爱她的人同追一个梦。

一个梦，两个人做，梦就会离现实近很多。

有人说《金石录》半部姓赵，半部姓李。可哪卷哪段归为李，哪卷哪段归为赵呢？其实这些文字，是他们夫妇心血的融汇，是他们情感相映生出的光辉。

这部与欧阳修的《古集录》齐名的金石学专著，大多文字因为转录的缘故，读来颇为艰涩。我最爱的却是它的后序，那些李清照用心而写的文字，完完全全应了那份"归来也，著意过今春"的认真。一路那么难，依然不舍凤愿，因为那是他的梦，亦是她的梦。

一个梦，两个人做，梦也就成了现实。

那年，李清照将那只秃笔蘸了自己最后的心血，为那个梦画上了圆圆的句号，成了《金石录》最耀眼的红。这最后的页码，也成了很多人最先阅读的文字，成了最生动的篇章。

第五卷

凝眸处，又添一段新愁

◎ 未必明朝风不起

红酥肯放琼苞碎。探着南枝开遍未？不知酝藉几多时，但见包藏无限意。

道人憔悴春窗底。闲损阑干愁不倚。要来小看便来休，未必明朝风不起。

——《玉楼春》

《元祐党人碑》的毁弃，让新旧两党明面上看起来风平浪静，但依然暗流汹涌。回到京城的李清照何等的聪明过人，她虽有惊喜，可也有隐忧。

乍暖还寒，温润如玉的梅花，似是不懂这世间曾有过怎样的苦寒，只把琼苞炸开来，粲然而笑。顺了那清香，推开了窗，望向那嫣然若云的花园。刹那，就似独在明水时，谁寄锦书来的激动，心里明媚了，也就欢喜了许多。是的，南边的枝丫即便是向阳，那里的梅也还没开个透彻啊，有花朵，有苞蕾。就这样，也不知酝酿了多久，又深藏了多少情意，才有这春色渐起。这着实足够让人惊喜了。

这园，已经不是李家的那园，也不是她新婚时的那园，更不是家乡有泉水叮咚的那园。这园是赵挺之被皇上重用后赏赐的豪宅，几分繁华里，又有几分陌生；几分激动里，又似有几分怯意。不能再轻衣薄袜地荡秋千，也没了那"一种相思，两处闲愁"，于是就有了这词的冷静，有了这"南枝初华发，北枝蕾懵懂"。这心可猜，也可懂，却全然不是少女的初羞。经了劫难，历了挫折，也有了这心事。

汴京明水归去来，李清照已不是当年的李易安了。风花雪月里，有了这半开的南枝，似那欲言又止。几多香也好，无限情意也好，毕竟还是很让人有遐想的春色的，然而上阕的词就这样戛然而止。

那窗应该是关了吧，至少李清照已不再看那梅。独自思量，暗自神伤。

梅一直得她的喜爱，是她引为知己的花朵，如此不是辜负了那花，辜负了那景，辜负了自己的心吗？

回头看前段的文字，虽然依旧细致入微，但哪有笑意在里边呢？她就是那梅边的雪，冷凝不语；她就是那枝间的风，飘然又无。隐隐暗藏着什么呢？让人有所期待，又令人惴惴不安。

那何尝不是词人的感觉呢？那本是多么让人期待的花开啊，可陡然一句"道人憔悴春窗底"，好不让人惊讶。可细想又何尝不是意料之中的转折呢？这不是普通女子的伤春，而是望远的忧怀。当时的政治风云还翻卷着，赵李两家，是让她两难的亲情。谁又敢说，这家门前的风，不会变成窗前的雨呢？

浅春之时，梅半开，没有一缕阳光的表达，难料明日是否会是一场憔悴。寒风吹复吹，乱了花枝，乱了落红。那时郁闷愁思得都无力倚阑杆，怕也本就没有阑干可倚吧。想想前不久的明水，又有何可倚？有谁可倚呢？满院都是被风雨打落的梧桐。

遥想新婚那时，赵李两家喜气盈盈，可仅仅一年，作为"苏门后四学士"之一的父亲李格非，身份尚算显耀，可一步步败落，先是被免了官职，后又被刻入《元祐党人碑》，再又贬谪回乡。她的公公赵挺之，虽然是青云直上，在朝廷中如鱼得水，可于她，哪里是福？非但不能救父亲于水火，自己也被牵及，郁郁寡欢，恨走家乡。

读到这里，又回头看上阕。南枝，是向阳的。初唐诗人李峤曾有诗句："大庾敛寒光，南枝独早芳。"这句和李清照的词意相通，也就是那"向阳花木早逢春"。在字面上，也是讲得通的，但还是觉得隐藏着什么。开封，于李清照的家乡来说，那不就是南方吗？还有哪里比皇城汴京更能令人感觉到季节的变换呢？

如此国事平和、政治回暖的时候，也不是彻底的春暖花开。朝廷内外，还是几家欢乐几家愁。向阳的京城都还没有花开满枝，那寒意，还是凉凉的在窗外的。

此时冷心向暖，望梅思寒，那是怎样的思绪？心思怅然说与谁呢？赵明诚已经有了官差，去处理公务了，而那傻傻地说那"海棠依旧"的丫鬟，也不在身边了。最是这样的愁啊，无人说，无处说。

"不经一番寒彻骨，怎得梅花扑鼻香。"这励志的诗句，倒也宽慰人。李清照也有心做这样的梅，但终究是没有人甘心经历这样的磨砺的。一番寒彻骨也就罢了，若是一番又一番，就是梅，也都憔悴了。李清照也是怕的，复归京城的小暖，有欢喜，亦有担忧。

谁的生活不是如此呢，不仅仅有傻傻的欢，也有怯怯的忧。一路花开到天涯的人生，实在少之又少。

"春有百花秋有月，夏有凉风冬有雪。"把四季说得如此分明着实美好，可日子又哪会如此循规蹈矩？南枝早有花开，北枝仍清寒。这就是事实。古人张方注有言："大庾岭上梅，南枝落，北枝开。"何尝不是同样的暖开冷落之理？

那时的京城，就是如此冷暖不一。就似李清照的父亲李格非，虽回归政坛，但也不过是小小官阶，更何况还有很多人仍被放逐远方，还未得如他们感觉像春色一样的诏书的召唤。而赵明诚的父亲，花开正艳，似也颜色向暗。也真是南枝北枝的开落之叹。

得失方是时光，宽窄就是命运，黑白才是岁月。

人生沉浮，草木荣枯，没什么逃得了这自然法则。海枯石烂都有，还有什么来应对这光阴的潮汐？

李清照冷静了，懂得了冷暖自知，可又忐忑于当下的时节。回到了赵明诚身边固然好，可也不是曾经的样子了，一切都不再是那清清亮亮的好，让他们来不及有些许的叹息。

可没有谁能回到最初的明媚，因为哪怕短短的行走，心也已经沾染了无法擦拭的尘灰。我们总用世故或者老练安慰自己与别人，其实那些都是渐向老迈的皱纹。鼓起的风帆，也意味着渐去的青春，意味着一路缝补的年华。

既然不肯倚阑干，也没有阑干倚，那就小酌一杯吧。这让人不禁想起白居易的那诗句："晚来天欲雪，能饮一杯无？"窗外，真的"天欲雪"吗？李清照陡然有了酒意。可李清照已然不是那个嗅青梅的女子了，那酒，也不再是映了桂花枝的酒。原以为她对梅成唱，把酒言欢，却不想，饮一杯，只求万事皆休，没歌没唱，只有一声叹。

赵明诚呢，若是他知了，该是许多的疼怜吧，只是他不在身边。其实在了又如何呢，他也不再是那青葱少年，徒惹了彼此的心碎。

荷一样的李清照，桂花一样的李清照，我们还没有读够，我们还没有爱够，她却已经这样憔悴地在窗前叹梅花了。世间真是有太多的无奈和遗憾，她叹梅花，世人也只能叹她了。

叹是心头的挣扎，叹是命运的雾霭，或许，叹就是明日的惊雷。如若你忽然有一天发现自己叹息多了，那时你也再无力意气风发。

低头于岁月，是因为岁月将你逼进了低矮的门楣。

窗外的花，窗内的酒，词人又是一句"未必明朝风不起"，生生地把最后一点念想都吹得七零八落了。

半开半舍的梅，是多好的期待啊，词意最后却是如此的凄凉。也许，那时的李清照，心也是乍暖还寒。说好了"择一城终老，遇一人白首；挽一帘幽梦，许一世倾城"，却经历了那样的别离，未来还有许久的日子，那该是怎样的暗礁处处？她怨世事无常，怨人心不古，怨良辰难在。

怨又有何用呢，奈何愁意难消。谁又解那狂风折梅，冷雨欺花。再一杯，更是新愁，南枝花未开遍，北枝又是何等的落寞？想起那两年她和丈夫汴京明水南北相望，一枝如锦，一枝沐雪。如此，她是否有些怨了赵明诚呢？上上下下的词句，少有半字说到丈夫，初回归，她也是心已漠然了吧。

不说，未必没有这样的心事，有时候心遮盖的，却是真实的。独自小酌，怎敢了那二人的明月清风？她却偏偏独斟了这酒，独自的时候，最孤独地喝，那是怎样的寂寞心事？

花，要在适宜的季节开，她，也要用恰当的温暖来一点点复苏自己。此时，她却半是期待，半是忧患。

街上那卖花的唱卖是听不到了，自是不可能买一枝，更没了簪花问郎意的心。幽幽地叹一句：也许明天真的要起风了。

那将会凉了谁的窗？又惊了谁的梦？

◎接尽梅花无好意，赢得满衣清泪

年年雪里，常插梅花醉。接尽梅花无好意，赢得满衣清泪。

今年海角天涯，萧萧两鬓生华。看取晚来风势，故应难看梅花。

——《清平乐》

光阴不仅仅是四季的更迭，也不是单纯的春来了，秋走了。那是有太多意料之外的事，让人猝不及防。昨日高照的艳阳，也许就是今天铺地的冰雪，如此的磨砺，草木风霜，人渐沧桑。

那个"说不尽，无穷好"的词人，经过汴京和明水短短几年的周折，她忧患了。在那梅花初开时，她盼的不是明天花开满枝，却是一声长叹："未必明朝风不起。"

大文豪欧阳修在和朋友相别时曾叹道："今年花胜去年好。可惜明年花更好，知与谁同？"他叹的是聚散匆匆，世间有多少遗恨。这叹，又惹人叹息，但毕竟有一年更胜一年的积极兴致。那时他风华正茂，何尝不有几分前程似锦的自得在其中？这是欢中之叹。而李清照的叹，却是忧中之叹，更惹人不安，惹人慌张。

忐忑的日子，最让人受折磨。

风，还是真的起了。

"大风起兮云飞扬"，风中的汉高祖刘邦，慷慨高歌，气壮山河，尽展一代帝王的风流气魄。然而风起云涌的世间，是多少花枝的零落，是多少人事的祸端。

宋徽宗，用文艺的手段，肆意行使着他帝王的权力，让群臣在朝廷的舞台上，你方唱罢，他方登场，说不尽的生旦净末丑，道不完的人生千百味。

宋徽宗翻手为云覆手为雨，也让当时朝廷的两大要员——蔡京、赵挺之浮沉不定。朋党之争后，先是二人同在高位，后蔡京被罢相，赵挺之位极人臣。那时节，争权夺利，实在说不明谁是谁非。我对蔡京并没有好感，《水浒传》里，文字每每提及他，多与高俅并肩。想那高俅，本是大诗人苏轼身边的一个笔墨跟随，小有文武之才，因了机灵乖巧被一步步举荐，更因蹴鞠之机，得势于宋徽宗。谁都以为一个在苏大学士诗词里熏陶过的人，也必是个豪放人物，却不想竟是个宵小之徒。他贪婪自私，行权多有恶端，将好端端的林冲害得家破人亡，真是让人恨得牙痒痒。从赵挺之复相时百官来贺的场景，也感觉到了人们对蔡京的厌恶，当时更有歌谣："打了桶（童贯），泼了菜（蔡京），便是人间好世界。"

后蔡京再得宋徽宗宠爱，赵挺之递了辞呈。如此，他已经知了结果，那将没有东山再起的机会。五天后，他病逝于家中。

那一年，是宋徽宗大观元年（1107）的三月，本应是锦绣花开的时日，而对赵家来说，赵挺之的去世即是祸患的开始。赵挺之尸骨未寒之际，蔡京以迅雷不及掩耳之势对赵家进行打击报复，先是诬陷赵挺之，后又以子虚乌有之名，将赵明诚及其两个哥哥捕入大牢，并严刑逼供。

赵家三月之败，势如山倒。如此天塌地陷之灾，也真正应了李清照起风的担忧。

春天的惊悚，夏天的惶恐，好在赵家迎来了七月。

大观元年的那个七月，蔡京对赵家势如烈火的迫害稍稍收敛，终于有了一丝清凉的消息吹到了这个曾经繁花似锦的相门府第，赵挺之的三个儿子被无罪释放了。但他们的功名俸禄，却不曾归正。

方几载，宏伟堂皇的宰相之府，曾经也是车水马龙、贵客如蚁，如今却成了门可罗雀的犯官庭院，当真是"由来一场梦，莫笑世人痴"。

有了叹息，就没有了单纯，心镜上灰尘渐厚，积极的态度也渐渐转变。

朋党之争，让李清照退走明水，心生叹息。若她此间的词文，前面是繁花，而最后常常是陡然转折的落叶之伤。赵家再次遭受如此大的劫数，她更看透了时势，冷了心肠。她一再和赵明诚商议要离开皇城，回归耕田牧羊的田园中去，在月色染纱窗、阳光铺阶前的宅院里，写诗弄词，赏画论古。

赵明诚是心动了的，只是他的两个哥哥却无退走之意。说来赵明诚的两个哥哥不愿意走，似乎是有道理的，他们毕竟先后中过进士，似乎更有被圣上传召的机会。而赵明诚虽然是太学里的良才，但似乎太痴迷于金石之学了，并没有考取功名。也许专攻于学术，才是他的追求；再加上李清照一再鼓动，他便下了决心。

秋天总是伤别的时候。是时候离开了，赵明诚别了母亲和两位哥哥，和李清照踏上了回转山东的路。

青州，古九州之一，东方重镇，地势多为山陵，可攻可守，为历代帝王看重，多为官府治所所在地。此次回归，李清照夫妇选了这里，当然也和赵挺之当年于此地置得一房产有关，此外，这似乎于他们二人的情感也另有一番深意。赵明诚的家乡是诸城，李清照出生的地方是章丘，而青州几乎是这两地等同的距离，也让两人有同在故乡的感觉。

从繁荣之地的失落，到置身宁静之所的温馨，他们爱上了这里。然而那汴京的梦魇并不遥远，那种忧患依然是李清照心头的阴霾。

初归青州，她和她的他，还很失望，竟然如到天涯，顿觉苍老，心事重重，发如霜染。往昔，他们每年都与梅花同醉，可这里无梅可赏。

> 小院闲窗春色深，重帘未卷影沉沉。倚楼无语理瑶琴。
>
> 远岫出山催薄暮，细风吹雨弄轻阴。梨花欲谢恐难禁。
>
> ——《浣溪沙》

小院、闲窗，如此简明，正是梦里的渴望，只是春色有些过了，厚厚的帘布却不想卷起，暗暗的影里，不想说什么，也不能说什么，只好把心事付于瑶琴。

瑶琴，为古人所爱，传为伏羲氏取凤凰所栖之梧桐，以天、地、人三才截为三段，把中间一段浸流水中七十二日，阴干后，择吉日制成。古琴有六忌、七不弹、八绝，是为：寒、暑、风、雨、雷、雪之六忌，闻丧、为乐、事冗、不净身、衣冠不整、不焚香、不遇知音之七不弹，清、奇、幽、雅、悲、壮、悠、长之八绝。

这阕《浣溪沙》，有人说是李清照待字汴京时的作品，然而从她诗词的脉络上来看，自少女时代到初嫁赵家，她的文字不是天真，就是明媚，抑或活泼娇闹，是不见压抑之音的，而这词却大不同，不欢不闹，正是古琴的格调，恰似青州那时。

正如徐培均《李清照集笺注》中所推断，词中最关键的"远岫出山催薄暮"，可以否定该词写于地处平原的汴京的说法，而青州，正是有山可望的那座城。

倚楼虽然有"远岫出山"的景，虽然有"细风吹雨"的情，而这句"梨花欲谢恐难禁"，既叹无奈，又说担忧，真真是初到青州时的心境。这词的确应该是她在这里写的。而这"春色深"，更让人有了确切的猜量。他们于大观元年七月离开的京城，这当是开年的春，或是更稍后的春。

怕伤春，忧花落，只理瑶琴。那琴不是不遇知音不弹吗？那时，她弹的可是俞伯牙的高山流水？她和他，已忘情于那一城一人共白首的许诺了。吴文英，这位被称为"词中李商隐"的梦窗先生的一首词曲，也许更适合李清照和赵明诚，只是他们在南宋的光阴里都不曾擦肩而过，也只能在身后传来那曲了：

素弦一一起秋风。写柔情、都在春葱。徽外断肠声，霜宵暗落惊鸿。低鬟处、翦绿裁红。仙郎伴、新制还赓旧曲，映月帘栊。似名花并蒂，日日醉春浓。

吴中。空传有西子，应不解、换徵移宫。兰蕙满襟怀，唾碧总喷花茸。后堂深、想费春工。客愁重、时听蕉寒雨碎，泪湿琼钟。恁风流也称，金屋贮娇慵。

◎ 不知从此，留得几多时

> 小楼寒，夜长帘幕低垂。恨潇潇、无情风雨，夜来揉损琼肌。也不似、贵妃醉脸，也不似、孙寿愁眉。韩令偷香，徐娘傅粉，莫将比拟未新奇。细看取、屈平陶令，风韵正相宜。微风起，清芬蕴藉，不减荼蘼。
>
> 渐秋阑，雪清玉瘦，向人无限依依。似愁凝、汉皋解佩，似泪洒、纨扇题诗。朗月清风，浓烟暗雨，天教憔悴度芳姿。纵爱惜、不知从此，留得几多时。人情好，何须更忆，泽畔东篱。
>
> ——《多丽》

李清照的青州，是有欢有静的青州。

辞别了汴京，一路向东，在颠簸曲折中越来越觉悟出宁静的美好。车过泰山，这座静守平安的东方高峰，让她明白"安"才是天下第一福，所以有了她的青州，既相守，又美好。

青州依水而筑，临山而起，气象不凡。在这里，他们找到了最自在的人生姿态。他们的书房叫"归来堂"，出自陶渊明的《归去来兮辞》，而卧室，也在那"倚南窗以寄傲，审容膝之易安"的诗句里，悟得了这位大隐士的心得，遂就叫"易安室"。

归来，易安，李清照的心如沐春雨，忽然就清亮了，二十五岁的她，从此自号"易安居士"。这一居，就是十年的光阴，那是她花开最盛的时节。

褪去青涩，心性饱满，与赵明诚花蝶相逗，情趣缤纷。一个字的拆解，一首诗的用典，一杯茶的浓淡，一幅画的舒卷，皆乐在其中。更得意的是，远离了纷扰，正好整理他们共同的大爱——《金石录》。

许多年以后，李清照跟趓在江南各地，对这段时光更加怀恋，她在《〈金石录〉后序》里写道："每获一书，即同共勘校，整集签题。得书、画、彝、鼎，亦摩玩舒卷，指摘疵病，夜尽一烛为率。故能纸札精致，字画完整，冠诸收书家。余性偶强记，每饭罢，坐归来堂烹茶，指堆积书史，言某事在某书某卷第几叶第几行，以中否角胜负，为饮茶先后。中即举杯大笑，至茶倾覆怀中，反不得饮而起。甘心老是乡矣。故虽处忧患困穷而志不屈。"

那段时光，他们痴迷于金石之道，"竭其俸入，以事铅椠"。他们又乐在其中，常常以斗猜书中的典故为趣，指出藏于哪书哪卷哪页，败者捧茶以敬胜者先品。李清照精于文艺，自小熟读这类书籍，再加上她心思敏捷，记忆力强，这种游戏斗猜，赵明诚总是败下阵来。看着赵明诚恭身递茶的样子，李清照有时忍俊不禁，笑得花枝乱颤，手一抖，杯子也就滑脱了，茶水洒了一身。赵明诚见状也哈哈大笑，嘲笑李清照乐极生悲。李清照也就嗔怒地朝赵明诚翻个白眼，然后二人笑作一团。

赵明诚多专心于金石这种近乎刻板的研究，实在难敌了李清照的博学多识，但李清照玩耍这样的游戏，很有些以己之长攻人之短的意思，也有些撒娇耍赖的味道。但每每斗败，也并非赵明诚的造诣多么不堪，似也有他故意指东说西、问天言地的逗弄，给心上人一份小小的傲骄。夫妻恩爱，少不了这傻傻的应答，笨笨的调笑。

青州，何不是懂趣的赵明诚，成就了有乐的李清照？

一胜一败，一嗔一笑，看似日常之欢，其实更显最真长情。匆匆光阴里，任天高路远，它一直都在，是念想里不凋的花。

几多时光后的清朝，大才子纳兰容若写了一首《浣溪沙·谁念西风独自凉》：

谁念西风独自凉，萧萧黄叶闭疏窗，沉思往事立残阳。

被酒莫惊春睡重，赌书消得泼茶香，当时只道是寻常。

他借李清照夫妇间的趣事来用典，怀念与妻子三年举案齐眉的短暂的美好时光。虽然是西风悲凉，却也道出了人们要珍爱那些平常相守的时日的道理。错过，便是悔迟。

"执子之手，与子偕老"，如此美丽的誓言，也挽回不了匆匆而过的华年。这位"北宋以来，一人而已"的词中翘楚，不就在"一醉一咏三叹"的念想中随西风而去了吗？

他痴痴地念他的妻，让多少人在身后悲悲叹叹地念他。

"读书泼茶"虽是平常举止，却万般美好，是花的蕊，是果的蒂；是初春窗外的一声燕语，是荡漾寂寥的湖间涟漪；是喧嚣里的草木隐逸，是尘世里诗意的栖息。

一生匆匆的李清照，唯有青州如此归来，如此易安。她懂了这美，有了这美，也爱了这美。如此一段，无枝无蔓，花一朵，叶一羽，最简单的月白风清。

李清照最擅长的是小令，可谓首首唯美，就似那简约的宋瓷，不花不艳，不巧不工。至于中长调，她着墨不多，这首《多丽·咏白菊》就是少见的长调。但词中用典之多，恰如春光扑面，一时气象万千。初时让人有应接不暇之感，细品，才觉次第花开。晚清玉梅词人况周颐曾评论其说："是许多字面，却不嫌堆垛，赖有清气流行耳。'纵爱惜、不知从此，留得几多时'三句最佳。所谓传神阿堵，一笔凌空，通篇俱活。"

细看词中纷至沓来的典故，的确是井井有条。不管是贵妃醉酒、孙寿愁眉、韩令偷香，还是徐娘傅粉，或女或男，都是容貌娇美、博人宠爱之事。但若以此来形容云朵一样的白菊的美，的确是太浮浅草率了。唯有屈原、陶渊明这样神清气明、儒雅高洁的品性，才与这花配得相宜，更得芬芳。

一口气说了这么多的典故，看来屏居青州的李清照的确有了更多读书的时间。试想，是否为了赢得赌书斗茶这样的游戏，李清照着意下了几番功夫？这么多的引用，都与美有关。一朵菊花，实在是承载了太多美好。如此的信息，想来又是李清照和赵明诚来了一场关于白菊的斗猜，那样，赵明诚肯定又是输得连连摇头，一杯一杯的茶也就只好先敬夫人品尝。

秋风送爽之时，李清照又痛痛快快地得意了一回，于是洋洋洒洒写下这首长调。毕竟是秋意阑珊的时节，挥洒完她的快意，下阕便冷静了许多，于是有了"愁凝"，有了"泪洒"，有了"浓烟暗雨"，有了"天教憔悴度芳姿"，有了她许多这时节的诗词里的那声叹息。

人常说，时间是疗伤的良药。是的，京城远了，那些旧事远了，可终究心底的暗伤会在某一个潮湿的日子隐隐发痛。没有谁能彻底忘却过去，那毕竟是你到达今天的一段历程。人也许可以回避明天，但谁又能回避昨天呢？

还好，那叹毕竟是浅浅的叹，忧也只是浅浅的忧。这般的好时光，纵是我千般的爱惜，仍不知能留多久。世人若是都懂得，不知会少了多少追忆。

不管明日是艳阳，还是秋风，"让坏的不影响未来，让好的不迷惑当下"。他处都是虚无，此间才是人生。

李清照收起笔墨，软软地对赵明诚道一句："相公，再来斗一局。"

赵明诚脆脆地应一声："得令，夫人。"

一输一赢，万般风情。谁得输，也是爱；谁得赢，也是爱。你侬我侬中，又有谁不是赢家？

再读《〈金石录〉后序》中的文字："余性不耐，始谋食去重肉，衣去重采，首无明珠翡翠之饰，室无涂金刺绣之具。遇书史百家，字不刓缺，本不讹谬者，辄市之，储作副本。自来家传《周易》《左氏传》，故两家者流，文字最备。于是几案罗列，枕席枕藉，意会心谋，目往神授，乐在声色狗马之上。"

宁可食无肉，衣无锦，发无钗，室无具，也要为爱而爱、为爱痴狂。青州故事，李清照向世人诠释了幸福的本真。让人再次想起那句话："这个世界上只有一种成功，那就是以自己喜欢的方式过一生。"

花样年华，与世不争，闻鸟鸣于东窗，问斜阳于西楼。李清照和赵明诚早已故去近千年，但这段美好的时光还在青州城的一隅，如丝绸般宁静，不曾老去。

◎帘卷西风，人比黄花瘦

薄雾浓云愁永昼，瑞脑消金兽。佳节又重阳，玉枕纱厨，半夜凉初透。

东篱把酒黄昏后，有暗香盈袖。莫道不销魂，帘卷西风，人比黄花瘦。

——《醉花阴》

我曾经在青州古老的街道上，苦寻李清照的足迹，却怎么也寻不到。李清照的青州，有怡然，有欢愉，有学术，却不见文学。在这段安然的时光里，她几乎不着笔墨于诗词，不吐快乐，不说惆怅。一个少小就才藻出名的女词人，却为何就荒了这平仄之趣呢？着实让人疑惑丛生。于是，更多的人都在史册密密麻麻的文字里苦苦寻找着答案。

也许太多的欢娱和忙碌，让她真的无暇于诗词。的确，青州是齐国要地，远近文物不计其数。当下的青州市博物馆，就收有赵秉忠状元卷等国家一级文物二十余种，为馆藏最丰富、规模最大、收藏文物最多、门类最全的县级博物馆。时年，闲居青州的李清照夫妇，就在这里得到了《东魏张列碑》《北齐临淮王像碑》等众多碑刻拓片资料，收藏的书画古玩更是不计其数。书房堆满了，客厅堆满了，甚至连卧室里也堆了不少。无奈，他们又另造了十几间房子，将文物分门别类，一一登记在册，并详细地记录在《金石录》中。

如此浩繁的工程，实在是够李清照夫妇忙碌了，况且赵明诚常常四处游走搜寻所爱，家中大量的工作也就几乎累于李清照一人身上了。搬搬挪挪，下人也许可以，但鉴定查证，归纳抄录，李清照却不得不亲力亲为。这般的忙碌，也着实让她生不出做诗词的心来了。

清代文学家张潮曾在他的随笔格言小品文集《幽梦影》中说："花不可以无蝶，山不可以无泉，石不可以无苔，水不可以无藻，乔木不可以无藤萝，人不可以无癖。"因了赵明诚，李清照也就有了金石之癖。汴京新婚那时，她还不过是小生喜欢，还没入心。青州，与赵明诚朝夕相处，她是真心地爱了，成痴，成癖。一书卷、一碑拓、一文玩、一古物，她都用心对待，恭敬摆放，无时不巡视探究。有时候她真如痴了一样，在一屋子文物面前，静静地说着些什么。

李清照越来越感觉到，这些旧物，只要用心拂去表层的尘灰，它们就会鲜亮起来，就会有了生命，就会让人回到那遥远的以前；静静地，就可以听到后宫的欢声和幽叹，听到沙场将士们的呐喊和其间隐隐约约对家乡的依恋；能听到先民在草木间的歌唱，诗人在山河间的行吟。每一件旧物都有说不完的故事，只有痴了的人才能听懂。

明末清初学者张岱曾说："人无癖不可交也，以其无深情也；人无疵不可与之交也，以其无真气也。"此时的李清照真真是一个痴人了。她重情于赵明诚，深情于金石，淡了诗词也就可以理解了。这或许就算是她这段光阴的"疵"，但这也是让人们更喜欢的缘故。不管是文物的收集，还是《金石录》的顺利撰写，李清照都功不可没。这里，有她一生当中最美的真情在。

人常说："愤怒出诗人。"其实，从李清照的诗词人生来看，也是如此的明显。一寂寞，就"天上浓愁"；一悲伤，就"断香残酒情怀恶"；而欢时，却少了笔墨，淡了心绪。青州为此事忙碌，情安逸，诗词寥寥似正在情理之中。然闲居的最后两三年里，她却又重拾格律，也弄平仄了。这微妙的变化，似乎透露了些什么。

初到青州的时候，赵明诚二十七岁，是人生最鼎盛的年华，理当豪情万丈，志存高远。然父亲的罢职、亡故，自己和兄长们的无端被捕，让他难免张皇，对仕途风雨多有忌惮。于青州痴心于金石，的确出于他的真心喜欢，但也有借此镇定安慰自己的目的，再加上李清照专情相伴，相扶相佐，更有"赌书泼茶"的笑闹，他是生了全心全意安守这片宁静的心。可不管是"归来堂"，还是"易安居"，更多是李清照的心意。对于就这样安于陶渊明式的归隐，他还是稍有志忑的。的确，赵明诚也"癖"于金石，但他并没完全专心于此。最初是如此，最后更是如此，但之间的时光里，他倒是痴怀过。

宁静是一种美，在于内心的纯洁，若有郁结，则成寂寞。

三十而立，如果说赵明诚还可以用文物的收集、《金石录》的编写来宽慰自己的这个年华，然而四十不惑，他便忽然生出了许多慌乱。回头看看，那一屋屋的金石，那一卷一卷的《金石录》，这些他引以为傲的所谓成就，似乎是夫人李清照的功绩更多一些。他突然感叹，十年青州，于他，却是一个空城。他的不惑，是悔恨于对仕途的淡漠，对前途的不作为。

宋徽宗宣和二年（1120），蔡京被诏令辞官退职的时候，赵明诚兴奋起来。"人生虽残局，明世犹未迟。"芳华十年，一个相门公子，他如何甘心于素淡平生。特别是四十岁，他终于"不惑"了。他开始向自己的近朋远亲，向父亲生前的故交好友，打探着那座让他又爱又恨的汴京城。

那座荣辱之城，的确令他"可畏，亦可怀也"！

渐渐热衷于政事的赵明诚，也就淡寡于金石，薄凉于李清照。没有什么比女子的心更敏感、更细致，如此，李清照的情怀里也就渐起了寂寞，笔端的词，也就稀稀落落地多了一些寂寥。

宣和三年（1121）春天，一骑皇城的快马在赵家的大门口停了下来。杏黄的诏书让赵明诚心头霍然明媚起来。他甚至都没有好好与妻子打个招呼，更没有说一句带她一起走的呢喃之语，就打马而去。莱州已是他心中最美的城！

世间多少男人，为了自身的荣华权贵，恼了窈窕花枝。那湮灭在都市、沉没在荒野的点点红颜自不必说，得了倾国之爱的杨贵妃，最后还不是只得三尺白绫。能同守一春的男人数不胜数，若得痴痴傻傻守一生的男子，那将是几生几世的福？

天地悠悠，古今无数人泪眼婆娑听离歌。

马蹄声哒哒远去，一路向东，去逐那艳阳，却在李清照的心上留下了一串长长的印痕。

说好了一起"着意著今春"，他却独自赴他春天的盛宴去了。虽说最近几年，赵明诚总是心神闪烁，言词无意，但毕竟卧同榻，餐同桌，闻有声，见有影。如今他却走得狂歌纵马，只顾得意地走了。她心里说，他若回头，她会朝他笑，可他没有回头。春天，温暖而美丽，于她却感觉到了深深的凉意。

李清照叹了一口气，转念一想，一个男人，也许权重一方才是他应有的志向。赵明诚这个相门之子，如此冷冷清清十年已经很难为他了，如若籍籍无名一辈子，也许实在有点辱没了这堂皇的门楣。

走吧，只因你是男人。

赵明诚欢走莱州，李清照百无聊赖，只得时不时打开库房的门看看那些文物，可那些宝贝上早已经没有了丈夫掌中的余温，触手处，是沁心的凉。李清照的手一抖，一个瓷盘竟然啪的一声掉在了地上，碎得那样彻底。

一些破碎也许是注定的，就像新婚后她退走家乡，那时候一些细细的碎纹，其实已在心上。只是重聚京城、屏居青州这些暖暖的依恋遮盖了这些伤痕。如今，她忽然发现，这城竟然只是她自己的城了，那个男人竟然越来越远了。

那些碎碎的纹，正窸窸窣窣地裂开来。

"很开心你的到来，不遗憾你的走开。"这话虽洒脱，但也只能停留在嘴边。没有谁面对情感能如此的释然，李清照也不能。秋天本就是凉的，而在那花荫里，更是凉了一层。她醉心于这片阴凉，更醉心于酒。

日子的愁，是瑞脑香燃不去的，半夜的秋是更凉了，犹豫了好久，还是拿起笔来。书桌的墨磨得太久了，竟然有些浓稠，犹豫了好久，笔走起来也就有点涩。可这正像秋风慢慢地从纱窗上滑过，无痕无恨，只有愁。谁能知道这帘内的人儿，比那黄花还要憔悴呢？

这一声叹，让人费了思量。让世人仰望的美神，也就只剩形单影只了。"此花不与群花同"的傲气，"倚门回首，却把青梅嗅"的烂漫，"徒要叫郎比并看"的娇憨，都在西风里一一散去了，在那个酒后独自愁的夜里，是"更一杯"的凉。

第六卷

不成怀抱，得似旧时那

◎ 东莱不似蓬莱远

泪揾征衣脂粉暖，四叠《阳关》，唱到千千遍。人道山长水又断，潇潇微雨闻孤馆。

惜别伤离方寸乱，忘了临行，酒盏深和浅。若有音书凭过雁，东莱不似蓬莱远。

——《蝶恋花》

许多的念想，总觉得是那么迫切，可当念想将成为现实的时候，却又心生忐忑，似乎也是应了"近乡情更怯"的意境吧。

宣和三年（1121）秋天，可是李清照写下那"人比黄花瘦"的秋天吗？独自憔悴的她，坐上了一辆驰往莱州的马车。车窗外，是一格一格的青州记忆，就似那远处起起伏伏的山峦，一格是远的朦胧，一格是近的清晰；一格是高的欢，一格是低的愁。

李清照是惴惴不安的，一半是对莱州的遥望揣摩，一半是对青州的依依不舍，身后，那十多年的情怀该如何放下？

"舍得"这词，虽然只由两个字组成，却蕴含着不尽的人生智慧。这个劝人释怀的哲思名词，世人都听过，也说过。可很多的时候，世人舍了，却没有得。

李清照忐忑着，舍，可应该？得，可值得？

从春天到秋天，赵明诚赴任莱州已经过了三个季节。其间，李清照和他是怎样的书信往来？

赵明诚在文学上没有留下什么诗词华章，却写得一手好字。他那写在先贤欧阳修《集古录》上的题跋，可以说是仪态风流，完全可以让一些自诩为大书法家的人汗颜。也许从那笔画姿态挥洒中，能看出李清照爱情的润泽，能嗅到词人研墨的玉手留下的芳香。

赵明诚对于先贤《集古录》的研读多在青州，这题跋当在那时。那时，她和他，情正悠悠。然而，时光奔流，从李清照冷了诗词，痴了金石，到她重拾笔墨，再写惆怅，我们也渐渐感觉到了他们最后几年的相处，是隔了淡淡的风和宽宽的桥的。

从二十四岁到三十八岁，李清照几乎把她最丰盈的芳华赋予了青州，因为她认定他就是共白首的他，城是可以终生的城。然而她没有想到，日子就像她渐近四十的容颜一样，淡了色香，疏了梦影。青州不比京城，既没有大晟乐府，也没有诗词雅集，所以只能偶尔写一段自己的心思。赵明诚在她身边的时间越来越少，不要说再赌书逗乐，就连好好说几句话都不可能，她又怎能把诗词读给谁听？在这说无处说、听无人听的窘境里，李清照不得不从自己清绝的光影里走出来，走向那些平常的街巷，结识一些可扯东家房、可论西家瓦的乡邻女子。

很多的时候，那些看似打理得光彩照人的诗词，竟真的抵不了一句家常。就像那些老粗布，虽没有绸缎的丝滑，却在你最需要的时候，显得贴身又贴心。

雅到无边的她，和那些俗到无涯的她们成了姐妹。她们就像灶台里的柴草一样，给了她平常烟火的温暖，油盐酱醋的乡间味道。

如此舍了，还是有千般的依恋。

青州到昌乐，相距也不过几十里路。走了这么短的脚程，没遇狂风，也没遇暴雨，李清照就这样早早地歇了车马，她那心中是有多深的犹豫。不是饿，也不是累，而是她要在这可闻可望的距离里，再看一眼青州。她展开纸墨，给那些姐妹写一封信。她不蘸晚霞，不蘸夜灯，她就蘸着秋风写她的一步三回头。

是什么让她在奔赴丈夫身旁的路上，写下了这首凉凉的词？难道赵明诚的爱，已经抵不了那些平常女子的姊妹情怀？在这里，我们不得不重新审视一下李清照的这次出发。半年的时间，也许赵明诚的确在莱州刚刚安顿好，他应该也是给李清照寄回了书信的。然而，李清照在那字里行间，似乎没有看到赵明诚那张开双臂相迎的热情。她预料到不会有太多热情，因为赵明诚草草告别决绝而去的那个春天的上午，注定了这不会是一个热情的邀请。那潦草的字迹，也证明了李清照的判断。

如果真的是那么轻易地告别，还会有一个热烈的相逢吗？

李清照应该也在这样疑问着。

李清照的那首《醉花阴·薄雾浓云愁永昼》，说起来是有一个很浪漫的故事的。元代伊世珍《琅嬛记》中曾记载，李清照相信赵明诚，就写了这首词。赵明诚收到以后，赞叹之余，也小有不服气，于是闭门谢客，潜心苦思了三天三夜，写得了五十首词，连并李清照的这首混在一起交给了朋友。朋友一一看了，说："只有三句极妙，写出了情怀。"赵明诚急问是哪三句。朋友答道："莫道不销魂，帘卷西风，人比黄花瘦。"赵明诚摇头又点头。

是否是这首词打动了赵明诚，让他重新倾情于妻，才千里寄书邀李清照东行？李清照在赶来的路上，可是她走得太迟疑，走得太忐忑，走得太瞻前顾后，行至昌乐她又回首写下了《晚止昌乐馆寄姊妹》。

"泪揾征衣脂粉暖，四叠《阳关》，唱到千千遍。"姊妹们相拥在一起，谁的泪水湿了谁的罗衣，又流乱了谁的脂粉？送别的《阳关》唱了一遍又一遍，还是不舍你远走，不舍与你相别。昌乐至青州那短短的路途"山长山又断"，欲走想留。独自在驿馆面对冷冷的小雨，是那样的孤独无依。叹只叹相别的时候乱了方寸，早已记不清喝了多少杯酒，敬了谁，没敬谁。姊妹们别忘了常常给我写信，对于我来说，那就如大雁衔春北归的好消息一样，只有这样，才能让我感觉莱州并不像天界那么遥远。

深情，如这词牌，好似蝶与花的恋。

夜雨，让人孤独，尤其是一个远行的旅人。可孤独中的李清照想的竟然不是赵明诚，而是那些姐妹。这种情感的表达，再次证明她和赵明诚已经回不到耳鬓厮磨的那些年了。

"我要这天，再遮不住我眼；我要这地，再埋不了我心。要这众生，都明白我意。要那诸佛，全都烟消云散。"

李清照在这里毫不掩饰内心，她要把这惆怅让大家都懂。这些伤，真的不是宋瓷上那唯美的开片，而是实实在在的心上纵横交错的痛。

李清照一生写诗词，也是写她的一生，欢愁喜悲，无不了然，这正是缘于她坦诚而好强的性格。一个刚刚新婚的媳妇，敢向公公发出"炙手可热心可寒"的责问，那不仅仅需要勇气，更在于心性的坦荡正直。

后来的我们，爱她和她的诗词，何不是因为她不事雕琢，不伪装，不粉饰？一切情怀，尽诉笔端。她把自己一尘不染地展现给这个世界，她也将爱情的涟漪或波涛，都释然地写给世界。

这世间，本没有完美无缺的事物，当然包括爱情。李清照毫不掩饰，她的感叹和忧伤真的不是"为赋新词强说愁"。

再怎么回首，再怎么担忧，可那个人，那个往日的人就在远方。李清照又能怎么做呢？她只能车马向前，去给自己彷徨的心寻找远方的支点。

或许那个"潇潇微雨闻孤馆"的冷夜过后，又迎来了一个清清爽爽的黎明，她乘着车马又出发了。前方，是一轮红红的旭日。

《诗经》有云："南山有台，北山有莱。"这"台"和"莱"都是草的意思。如此蔓草青青，着实让人喜欢。再细细地研读，才发现在很多地方，"莱"多作荒草的意思。而莱田，就是实实在在的荒田。这不禁让人大吃一惊。再想一想莱州，处东方，临大海，在旧朝代的那时，该是一个荒草连绵的偏远之地吧？

想到这里，我心里有些疼，不禁为那时的李清照担忧起来。莱州于她，是一个蔓草青青的安闲之所，还是一个荒草丛生的零乱之州呢？

李清照对于当下的我们来说，是一个才华横溢的词人。然而宋朝时，纵然上上下下对文化十分崇敬，而她作为一个女子，就算才冠群芳，不让须眉，在人们的眼中也是无足轻重的，没有谁记载她东行的车辙。

向莱州不长不短的行走里，一路无诗，一路无词，默默又默默……

◎寒窗败几无书史

寒窗败几无书史，公路可怜合至此。
青州从事孔方兄，终日纷纷喜生事。
作诗谢绝聊闭门，燕寝凝香有佳思。
静中吾乃得至交，乌有先生子虚子。

——《感怀》

这语调，好凉。她以前的词也凉，可那凉中多有怨。怨，是因为还有期待，是向好而盼的心声。如今这凉，凉到没有怨，凉到不必说怨。

宣和三年（1121）八月十日，那奔波了无数日夜的马车终于停了下来。李清照敞开车门，长长地舒了一口气。

莱州，她来了。尽管心情多少有些忐忑，可她还是坚定了情定相守的信念，让莱州，成为又一个相依相欢的青州。

可早到一步的赵明诚呢，还是那个曾经的他吗？

被一句"人比黄花瘦"惊了的他，本应值得有所期待，可他的相迎，不仅仅是简单，还透着些虚与委蛇的味道。不咸不淡的客套，是那让人坐也不是、站也不是的尴尬。

李清照设想过这样的开局，但她还是被那扑面的凉气惊到了。她努力做出最好的设想：许是赵明诚忙于公务，太过劳累，抑或是遇到了棘手的案子。词人，就是如此，愿意将荒草丛生的城，想成蔓草青青的游园，如她家乡荷塘四围的岸上，如京城后花园的秋千架边。那青青的草，就是她笔锋描出的画。只是，被称作莱的藜草，真的只生长于荒远的地方。

在仆人的引导下，她绕到了后衙。那还算精致的几间房子里有女子的欢声。可仆人的脚步没有停下来，绕过那些传出欢声的房，将她引向更深的地方。

停下来，面前是一扇窄窄的门。那门前真的有藜草，却没了那同样窄窄的台阶。据说，那藜的叶，是灾民可以果腹的野味，是饥饿无可选的退路。如今，这藜叶，也是李清照心头的滋味了。她以为千里追夫，是情感上的进，却不想是让自己退到了这般的角落里。

她打开那门，再一次被惊到。她可以原谅简简单单的迎接，却无法预料这样的床榻。莱州于她，真的将是一座荒冷的城吗？一阵风吹来，竟然有一扇窗子啪的一声跌了下来，抖了一片的尘土。

荒冷的莱州，更不如青州了。那里毕竟还有金石、字画、书籍可以寄心，还有姐妹们可以展怀。至少，还有期盼，还有东方的莱州，在每一个醒来的早晨，像那渐明的太阳。

几日复几日的长途跋涉，她本是累了的，可她实在没有一点睡意。她一手捂着被吹得摇摇晃晃的烛灯，一手磨了墨，展了纸。在莱州的第一个夜里，她落寞地写道：

宣和辛丑八月十日到莱，独坐一室，平生所见，皆不在目前。几上有《礼韵》，因信手开之，约以所开为韵作诗，偶得"子"字，因以为韵，作感怀诗云。

房间里平素喜欢的物件一样也没有，只有一本《礼韵》可以翻一翻。这一刻，让人不禁想起文言文《口技》中的"一桌、一椅、一扇、一抚尺而已"。可人家这简单是热闹的，是"几所应有，无所不有"的热闹。而李清照的一桌、一椅、一书、一床榻而已的简单，却是寂寞的，令人心寒的。

如此之夜，那个他，是在哪里狂欢？

又一阵风吹来，她的手一抖，一道墨线划过纸张，穿过了她子虚乌有的梦。

唯一的灯，灭了。李清照这才发现，那小小的窗口处，是黑的，比那墙还幽黑。那夜，没有月亮。

十日，是那弯弯的可以比作船的上弦月，载了人的梦，渐渐丰满。只是那夜的浓云，沉了那船。荒夜的莱州，好梦无处钩沉。

把梦寄于远方，没想到这远方是一片空蒙。她以为这一次放下女人的身姿，放下词人的傲骄，这积极争取的爱，会有一个好的结果，却没想到抵达的却是这样一个不堪之处。一个诗词女子，破屋破窗破桌椅，甚至破床也可以忍受，可怎能忍受室无书香？或许有人会说，不是还有《礼韵》可品可读吗？但那不是她喜欢的。不喜欢，又哪能安慰自己？

这样的境地，让词人想到了三国时的一代枭雄——袁术。想当初他精兵千万，纵横江山，何等英雄。只是他先为吕布、曹操所破，后投奔自己的叛将雷薄被拒，只好再退江亭。当他得知数万大军只有麦屑三十斛时，向天哀哭："袁术至于此乎！"遂呕血而亡。

袁术无术，自是不可比于词人。李清照叹的，不过是退无可退、走投无路的哀伤。在她看来，这里，就是她情感的绝地。

心境之冷，让李清照也学会了冷眼看这个世界。她不得不感叹："天下熙熙，皆为利来；天下攘攘，皆为利往。"她的明诚，这几年追名逐利，乐此不疲，如此碌碌，真有所值？想那时在青州，无官无职，但清简中其乐无穷，淡泊中得至味清欢。如此，多好。什么功名利禄，哪抵得了情感的田园？

男人终是浊物。她那清风朗月的公子，于今日的莱州，逐利于交际，求欢于风月，终日难见，就这样把她遗忘在凉凉的一隅。

荒凉有静，冷清得安，她也正好躲进寂寞里，写一首又一首的诗词。

"燕寝凝香有佳思。"李清照似乎还很得意于此，远寄书信给朋友说，这样的莱州，竟然让我得到了不少奇文佳句。如此"寒窗败几无书史"之地，真是让人怀如抱冰，她真会"有佳思"？李清照最后乐观的语调似乎告诉人们：这样清清静静的日子真的很不错，让我得到了两个知心挚友，一个叫子虚，一个叫乌有。听来这一句似乎是幽默，然而其中透出了多少心酸和无奈。四顾无情，朋友也只是子虚乌有。

他逐利求欢，她冷眼相看。曾经被天下人艳羡的神仙伴侣，却是这样漠然于红尘，何异于寻常巷陌里的烟尘夫妻？而那些贫寒人家，也多有男勤女贤，耕薄田得劳欢，依篱门有恩爱。要不怎会羡煞了仙界的女子，有了美了凡间的天仙配？

残灯下的莱州，已经不是她和他的青州，不是她的城。她来这里之前的担忧，终于成了现实，可又能怎样，唯有在自嘲中得到些许安慰。

恨只恨，这世界诱惑太多。十年青州，没能让赵明诚浸润得月白风清，竟让他一遇浊世就浮浪了，浮浪得如饥似渴。

李清照和赵明诚，的确情投意合，也曾幸福美满，琴瑟合鸣。然而在那个时代，蓄养歌伎、纳招外室实在是蔚然成风，几乎所有的权势之门、富贵之家，多以此为乐。想那苏轼苏大才子，也有所谓的红颜知己一路追随。就算那宋代文坛领袖欧阳修，因其高山般的形象，后辈多给他刻意遮掩，也掩不住他风流场上赠出的一枚枚金钗，更是"家有歌伎八九姝"。

她的赵明诚，真比得上这些文人高士的品节？前院女子的欢声，已经说明了这些。

在《〈金石录〉后序》中，李清照写到赵明诚弥留之际，曾有这样的句子："取笔作诗，绝笔而终，殊无分香卖履之意。"分香卖履原意出自曹操《遗令》，是他临死前对妻妾们的安排嘱托之事。其实从李清照话意之中透露出来赵明诚是纳了妾的。再者，他们婚后多年李清照不曾生得一儿半女。哪怕是迫于内外的压力，赵明诚纳妾也算顺理成章了。

李清照是一个才冠天下的词人，也是一个女子，任她情深爱痴，也得面对那个朝代的现实。若执拗于独宠独爱，倒也是太过天真；更何况不曾生下一儿半女，也让她多有心虚，愧疚，也让她多有忍让。那时赵明诚正当壮年，又是任重一方的知州，那些蓄伎纳妾之事，她也只好认了，她也只好在寥落中以诗自嘲，求乐，尽强欢。

只是只求淡泊的她，与举身爱欢世的他，疏离了，渺茫了。

岁月到此，词人的前途就似她四十岁的颜容了，残香渐渐……

◎ 谁怜憔悴更凋零

庭院深深深几许？云窗雾阁常扃。柳梢梅萼渐分明，春归秣陵树，人老建康城。

感月吟风多少事，如今老去无成。谁怜憔悴更凋零，试灯无意思，踏雪没心情。

——《临江仙》

去年八月的秋已远去，转眼便是今年这早春。任你有没有情绪，岁月都是这样匆匆似流水。

张爱玲说："喜欢一个人，会卑微到尘埃里，然后开出花来。"李清照也懂。她在委屈、哀愁中打起精神，再一次期待，期待她的他，能有青州的情意，再续赌书泼茶的前欢。

院中的梅初起芳意，也许意味着一个更美的春。这春，她不想错过，她想和他说梅花，待春朝。

李清照将自己放低了再放低。她相信聚散悲欢总是因了一个"情"字。她也相信，苦甜终有时。那般相敬如宾、亦师亦友、亲密无间的爱，又怎会落得冷眼相对，声息不闻？她努力着，用诗词之趣、金石之爱，呼唤那曾经的良人。

渐渐地，赵明诚和她的话又多了一些。他偶尔会问一些冷热的话，也偶尔在夜灯下，和她一起细数古玩。

梅花已开南枝，春天便不远了。李清照心中有了小小的惊喜。那时，她见门前透出几点小小的绿芽，密密的，绕了那台阶。这个春，不该再是荒草丛生的。她伸出手来刚想拔掉，却又生出了许多的恋。荒草，曾是她的寂寞，曾是她的伴。那时，摇一缕清风，碎一地的影，正是她那时所谓的"佳思"。况且，一草一木，都是情怀，至于惹了谁的伤痛，那只在人的心，哪怪得了草木。

天下无荒草，只有荒的心。漫愁泱泱，就是荒城。

李清照收了手，正笑自己的傻。恰那时那人走过，李清照遥遥地问："庭院深深深几许？"那边那个人，却无应答，只匆匆地走了，留下李清照站在那台阶上，上下不得。

想必青州那时，她若问："庭院深深深几许？"赵明诚必答："杨柳堆烟，帘幕无重数。"因为他懂这是她的最爱。

这词，她写的时候曾有简单的序："欧阳公作《蝶恋花》，有'深深深几许'之句，予酷爱之。用其语作'庭院深深'数阕，其声即旧《临江仙》也。"

一问，求应答。一问，无应答。她的心一下子就跌落到那词的末句里去了，"泪眼问花花不语，乱红飞过秋千去"。

此间，春还早，哪有花可问，哪有乱红飞，更没有那等在春风里的秋千，倒是泪眼问君君不语，乱愁飞过庭院去。刹那，她明白了，曾经以为那一丝明媚是黎明的熹微，如今看也不过是午夜云翳间遗漏下的一点光。

一切，又零乱得难以收拾。春色渐浓，人心更愁，直荒了她的莱州。

院不曾至，渐深入；窗不常开，云雾渐起。虽然赵明诚的心有了许多暖，可她还在那院的深处，还是闭门谢客、困守于窗的女子。尽管有万般包涵，忍得与别的女子共享丈夫的时光，作为发妻，作为一路恩爱走来的她，哪能轻易解了心底的愁呢？更何况，赵明诚真的没有分多少时光给莱州的她。那柳芽梅蕾也渐分明，也许隔了一夜，就一下子绿了红了。可这不是她的春天。春天在远方，春天在别院，在别人的城。

人都说，一回忆就沧桑了，一回忆就老迈了。李清照却寂寂地坐在窗后，想着青州那些年，想着汴京初嫁时。四十岁的李清照，身还没老啊，心却已经老了，老得无力爱了，老得爱不动了。在岁月里回首，多有感慨，也常得意二三，那是最成功的珍藏。可现实里，这又算得了什么？也不是落得与寒窗败几为伍，和子虚乌有为朋？想那时，不求荣华富贵，不求凤冠霞帔，找一个爱的人嫁了，随了，安安静静一辈子就好。她爱了，嫁了那心中的良人。虽然小有波折，但归来青州，却让她心安。从此，闲饮一壶茶，小酌几杯酒，有书卷可欢，有金石可喜。花儿朵朵，向晚生香。

时光如此，谁与比欢心？

然岁月蹉跎，一转身，青州已是昨日难追的远。总以为这辈子最成功的是嫁了一个知情知心的他，如今，那个他却隔了整整一个夏季的远。他在春风十里中，看桃花朵朵。她却在秋风阵阵里，观落叶飘飘。

话无处可说，情无处安放，仅有的几个姐妹，相隔得山高水长，也不知道她们在忙些什么。若是在身旁，她们一定会叹她怜她。那个姐姐，一定会拿出一方菱花镜照她，半恨半恼地骂一句："你看你都憔悴成什么样子啦，应该出去走走，解了这闷。"

正月十五，花灯刚刚挂起来，雪也还在。

可一个人赏灯有什么意思，灯谜也无心猜，猜了也无人乐。独自踏雪也没心情，更不知道去哪里寻梅。寻了，又能怎样，不是落花，也似落花。一枝好颜色，岂不更惹了心中的悲？

那年京城芳华初绽，新萼娇蕊，又输给过谁？原以为有了爱情就不会老，十年青州府，她也是心花倾城，不败的情怀，不败的心。可莱州，还是让她败了，败给了容颜，败给了青春。

有言"腹有诗书气自华"。可她的赵明诚本就是一个不擅诗词之人，那时，她容貌还在，他也爱她的诗书。当她芳华渐凋敝，那个他，一转身就去了春色满园的莱州。

莱州迟迟不来的消息，让李清照伤心过，忐忑过。一路向东，她相信那只是分别日久。心头的一点点疑惑，她要拨开云雾。然而，她急急奔向的城，真的不是她和他的青州。赵明诚左红右绿的欢，是她冰雪般的凉。

与岁月争输赢，总会输得一塌糊涂。李清照败了，败给了一段光阴，败给了点点诱惑。其实，这败与她没有关系，她还是她。"执子之手，与子偕老"是多少人心头美好的愿景，可伤了，也不必沉沦。李清照毕竟不是寻常妇人，她用诗书之气，写点点家愁，写缕缕国恨。她输给了一时，却赢得了千古。那《漱玉词》恰如她家乡的泉水叮咚，让世人在晴好的晨光里，读她的清欢与浓愁，和她的年华一起起伏，在她的江山里颠沛流离。爱着她的爱，荷花、青州抑或梅朵；恨着她的恨，爱散、离愁，还有国破。

今日的昌邑小城，距青州不远，有云门山可望，离莱州也近，亦有胶莱河可闻。一城，是她的蔓草青青，有欢，无诗词；一城，是她的荒草连绵，无欢，却是词情渐起。

站在两城的中间点上，东思西想着李清照的这两座城，真是感慨万千。哪里，才是更真实的她？

有人说，李清照的这首《临江仙》写于建炎三年，也就是1129年，因为词中提到了建康城，也就是现在的南京。恰也是这一年，南京由原来的江宁府改为建康府。而此时，李清照在此有过短暂的停留。但这里狼烟遍地，山河破碎。词中虽然多有悲意，但不过是情感之愁，面对狼烟遍地、山河破碎的当时，悲情似乎应该更凛冽一些。

青州，李清照的故居还在。莱州，词人的旧居，已寻不见。看来，人们还是更愿意保住那些美好，而那忧愁，也就尽它散去了吧，寻不得也罢。

◎茶蘼落尽，犹赖有梨花

芳草池塘，绿阴庭院，晚晴寒透窗纱。玉钩金锁，管是客来吵。寂寞尊前席上，唯愁海角天涯。能留否？茶蘼落尽，犹赖有梨花。

当年、曾胜赏，生香熏袖，活火分茶。极目犹龙骄马，流水轻车。不怕风狂雨骤，恰才称、煮酒残花。如今也，不成怀抱，得似旧时那？

——《转调满庭芳》

一寂寞就是一片海，一忧伤就是一个秋。任窗外飞花流瀑，莺歌燕舞，也解不了心底的愁。

在莱州的日子渐久，李清照慢慢适应了破桌破椅的味道，觉得这是民间滋味，也许从此一生相随，这样也好。不也曾乐于食无美味，身无彩衣，发无金饰，居无华屋吗？怎么就承受不了这里的点滴呢？多少寂寞不在于美味华屋，而在于心。这里，缺了那个曾经的他。

从清逸的青州，来到了喧嚣的莱州府衙，从布衣秀士，到官袍加身，四十岁的赵明诚也恍然大悟，像一个习惯了素衣寒食的人，突然面对饕餮盛宴，便尽情地享受着，甚至有几分贪婪。他，在酒海肉山中纵横狂欢，此间热闹的顶峰，就需要那大红大绿的渲染。歌吧，舞吧，四十岁还不迟，挥斥方遒未必太远了一些，不如醉一曲于当下锦瑟华年。他以为，伴他一路的那个她不是不好，四十岁的诗书女子，是一株兰草，是案几，是厅堂静静的颜色，就该不言不语地安守一隅。

欢处的人，哪懂角落的冷。可喧嚣过后，赵明诚也会在某一刻想起李清照的好。说说碑刻，谁应？问一件青铜器，谁懂？每当这时，他又会卷起欧阳修的《集古录》，绕过那些前堂，走向那个小屋，翻一页，聊一页；聊一页，翻一页。只是这三翻两翻时，外面的欢声笑语太过诱惑，赵明诚又在一个愣怔中，放下那书起身走了。几天之后，他却想起了这书，又躬身来到小屋。那案几上的书，李清照都一一作了标记。赵明诚笑笑。那笑里，李清照看到了青州的依稀，只是又倏忽不见了。那浓云里的光，就是这样依稀而短暂。

夏季，门前的藜草又长高了，风一吹，那台阶倒是看得清了。风一停，却又遮了个严实。李清照真的爱上了这些荒草，自己不舍得拔，也不容别人拔。她觉得摇摇曳曳，倒也有许多趣，正好是她的伴。荒就荒了吧，那些远山远水，不更有别样的美吗？只是藏在幽处无人识，也就没谁知道那山水的一唱一叹。

莱州的李清照，没有些许的文字写她。一个在泉水边长大的女子，得水之喂养，却少有水的文字。莱州是有许多的河流的，亦没听哪片水间有她的倒影。此时容颜西下的她，可是被那句落花流水伤了吗？

她若是落花，那个他，就是流水。

贾宝玉也曾对林黛玉幽幽地说过："弱水三千，我只取一瓢饮。"可他最终不也是无奈地负了她吗？宋徽宗宣和四年的最后一天，一年的声色犬马似乎让赵明诚感觉累了，他再一次坐下来翻看《集古录》，不觉想起自己的《金石录》。这些日子也不过是多由李清照编校，匆匆又是一年，竟然还没完成。听着窗外的鞭炮声，他不觉心头一颤，感叹道："真是光阴催人老啊。"于是，他重观《集古灵跋》，于后面又写下了："壬寅岁除日，于东莱郡宴堂重观旧题，不觉怅然，时年四十有三矣。"

一年多的蹉跎，当那除夕红灯高高挂起，赵明诚再一次回头看了看妻子，原来二十多年的欢愁里，她一直都在。他，辜负了那一份认认真真的心意。

自那以后，他待李清照好了很多，常常与她相坐，对《金石录》也渐渐用心起来。在他们的共同编辑整理下，《金石录》终于装卷初成。赵明诚再一次笑了，笑得真心，笑得坦诚。他自己也觉得这是很久以来最开心的一次笑。

李清照也莞尔一笑。她知道此时的赵明诚笑得不虚不假，可她也明白，这一笑之后，又会是天高云淡。

他来过，留下那些贴心情意；他远了，却留下了金石之欢，成了她心里的至爱。

爱了曾经的人，远了当下的心。她的笑，只是对于书成的安慰，也是对赵明诚还有这学术之心的一点欣慰。

那年，是宋徽宗宣和五年（1123），她整整四十岁，是真的不惑了。风花雪月，不过是云舒云卷。于她，至亲是金石之爱。景多美，宴席多丰盛，她也独自存在，面若秋水，心如止水，她似那清影临碧池。

墙角数枝梅，凌寒独自开。

遥知不是雪，为有暗香来。

王安石懂了梅，可谁又懂了李清照的心？

芸芸众生，谁能真正做到心如止水呢？哪怕寂寞如深冬，亲情在海角，友情在天涯，也依然会是心中的暖。谁来呢？只等得酒冷灯昏黄。可多想多念也只是心中的浮光掠影，唤不来，挽不住。我心寂寞，繁花落尽，还好还有那一树梨白，在夜里摇曳。纷纷落下的，是词人的心。

那一池芳草相围的水，那一院浓凉匝地的阴凉，都是再难回的遥望。

那时，那里是多么的美，芳香盈袖，直逗引了多少轻车慢马画中游。这盛景，是京都汴京城的大相国寺、各色商贩的喧哗、各种人等的嘈杂，还有那钟声里飘来的经歌以及不知哪位高僧的禅说。小路的拐角处，当年卖玉壶的大爷还在那里吗？想来又带来了什么宝贝等我去淘。唉，钱箱里又是空了，再买那宝贝，又得当了自己的一件花衣裳。当哪件呢？翻翻这个，翻翻那个，真是舍不得。舍不得哪能行？迟了，那宝贝怕就成了一辈子的错过。还好，那个他还算有心，当了他前几天才刚买的新袍子。得了宝贝便是好，刮大风下大雨怕什么，呼将几个良朋好友，点一炉火，烧一壶水，泡儿杯茶。

这一切都是烟云，词人已经在当下的寂寞里，纵然他也有些许的好，却不再是那旧时的真。莱州四年，李清照在情感的浮浮沉沉里煎熬着，她每日期待着离开这座城，期待着能向西，不再向东。

宣和六年（1124），任期已满的赵明诚接到了皇帝的诏令，向西调任。李清照高兴得不得了，欢快地想收拾一下行囊，这是常人搬离一个地方的自然心境。可她四下望了望，实在没有什么可收拾的，这里，本就是一座空空的城。她苦笑了一下，就收拾一下自己的心情吧，明明媚媚，好赶路。

向西，向西，她在曾经停下车马写信的驿馆停了一下。一个年轻的女子迎了上来，十六七岁的样子，别样的花枝招摇。听说这是老板新纳的妾。满心回忆的李清照，一下子没有了心情，硬说天还早，催着车夫赶了一程路。

再向西，车过青州。赵明诚执意要停，李清照却说别误了就任的期限不好复命。于是，几辆马车在那天的青州长街上，留下了几道零乱纠结的车辙。

青州，她不爱吗？不，她爱得太深太切。但她怕刚从那寂寞里走出来的她，一踏进这曾经的温暖会受不住，她怕自己再没有力气面对依然难料的另一座城。

青州轻轻过，心也慢慢碎，撒一地闪闪烁烁。真想又真怕会有曾经的姐妹从哪个巷子里一下子闪出来，看见了她，看懂了她，看透了她。

向西，向西，终于到了，那是淄州，赵明诚新的任地。

许是车过青州也忽然唤起了赵明诚的青州记忆，他念起了李清照的好，他对她多了许多的体贴。她新的舍居里，虽不似归来堂，却也多了许多她的爱。倚了墙，是几架书；檀香木的多宝格上，也放满了文玩古物。

淄州，安闲远过莱州。东是她爱的青州故宅，西是爱她的章丘老家。这一前一后的暖，让她无比心安。

她心安，便更安心于金石之爱。她和他，忙碌于查证古器的年代出处，补订古籍善本的残破。两人配合得自然娴熟，似那时的青州，却没有那时的谈笑。

偶尔她停下来，擦一把泪，念起她的家乡，想起她的青州，而后微微一笑。

第七卷

门外谁扫残红，夜来风

◎ 归鸿声断残云碧

归鸿声断残云碧，背窗雪落炉烟直。烛底凤钗明，钗头人胜轻。
角声催晓漏，曙色回牛斗。春意看花难，西风留旧寒。

——《菩萨蛮》

这词，开句就是如此的悲，那是一个残秋，亦是一个乱世。

莱州四年的志忐，终得淄州的小憩。赵明诚从那时的狂欢中，渐渐收了心，归于金石学术。她和他，又宁静相对。

清人缪荃孙《云自在龛随笔》里记载，赵明诚在淄州得白居易手书《楞严经》，并书跋云："淄川邢氏之村，丘地平弥，水林晶淯，墙麓硗确布错，疑有隐君子居焉。问之，兹一村皆邢姓，而邢君有嘉，故潭长，好礼，遂造其庐，院中繁花正发。主人出接，不厌余为兹州守，而重余有素心之馨也。夏首后相经过，遂出乐天所书《楞严经》相示。因上马疾驱归，与细君共赏。时已二鼓下矣，酒渴甚，烹小龙团，相对展玩，狂喜不支。两见烛跋，犹不欲寐，便下笔为之记。"

意思是，赵明诚得白居易手书的这本《楞严经》后，大喜过望。此间至乐，谁知，谁懂？唯有那个她。赵明诚立即纵马狂奔回到家中，与李清照分享此乐。一时间，有酒有茶有歌。

岁月永远如此也好，他还是那个他，她也还是那个她，二人还赌书，还泼茶。

许多的美，常是昨夜昙花。一念之间，却是无可追寻的曾经。

宋朝那时，重文轻武，多少能征善战之士，或弃或废，导致军力庸怠，无力举兵边陲，攘国祸于外。最可叹大宋名将狄青，以百战之功，终得高位。原以为可勇可谋的他，振展军威，涤荡夷蛮，然不幸陷于流言蜚语，为朝廷猜忌，终被放逐于荒城，年仅四十九岁便抑郁而去。大宋从此国势愈颓，也只好以金银绸缎之岁币贡敌，换得一夜一夜花好月圆的美梦。

秋凉了，李清照的心凉了，大宋的江山也凉了。

北宋宣和七年（1125），金人挥戈南下，一路攻城略地，势如破竹。宋徽宗慌慌张张脱下龙袍，交给了儿子赵桓，遂定年号为靖康。如此四面楚歌之时，还乞求什么安康、享乐？真是可怜、可笑、可叹。那种唯唯诺诺的心态可见一斑。

赵桓，一个哭哭啼啼坐上龙椅的人，又如何指望他统领江山？

翌年，那是一个秋，金兵一举攻克了北宋的都城汴京。这一击真是透心的凉。

靖康二年（1127），那本应是春暖花开的季节，金人掳去徽、钦二帝，宣为庶人。百官众人竟然噤若寒蝉，唯李若水挺身而出，痛斥金人，骂声不绝，终被割喉而亡。泱泱之国，竟至碎若残瓷，而这一腔热血，是那国之残片上难得的忠义之花。

风，吹过那个春天，是国的凉，也是赵家的凉。

那年三月，赵明诚远在南方的母亲病故。国祸家难，也许让赵明诚失去了许多的理智，他竟然独自南行吊孝。在刀剑声声中，他让李清照负责断后，而且为他押送金石之辎重。

千年之后的世人，心寒了。

那时的清照，心可寒？

李清照更多的是无奈。好在这些文物也是她的心爱之物，也可以说是她此时心灵的寄托："闻金寇犯京师，四顾茫然，盈箱溢箧，且恋恋，且怅怅……"李清照在赵明诚那渐渐远去的车马声里，依照两人的谋划，收拾家中的这些珍藏："既长物不能尽载，乃先去书之重大印本者，又去画之多幅者，又去古器之无款识者，后又去书之监本者，画之平常者，器之重大者。凡屡减去，尚载书十五车。至东海，连舻渡淮，又渡江，至建康。青州故第，尚锁书册什物，用屋十余间，期明年春再具舟载之。"

四围刀光闪闪，杀声阵阵，能在山河如此零乱之时，还有如此周详的安排，着实难得。想那赵明诚以母丧之事，先避难而去，后又有畏兵乱之祸，弃城而逃，看来是少有冷静之思，没有智谋之能。此文物南运的计划，安排得如此井井有条，想来多半是出于李清照的考虑吧。

只可叹她生逢旧时，只能尽女子之事，这般心智，实在是可惜了。若无惊艳辞藻之能，怕也只是荒草之影，泯然众生矣。让天下我等，哪里去寻李清照？

尽管有了周全的策略，然岁月却不想周全李清照，让她徒唤无奈。建炎元年（1127）十二月，青州突遭兵乱，他们存于青州的文物"凡物十余间，已皆为煨烬矣"。

兵荒荒，马乱乱，能周全了谁呢？不过实在可惜了那些文物，或毁或失，不得影踪。传当下的青州博物馆馆藏巨丰，不知可藏有那时赵家散失的一半古物？若如此，也算是给一代词魂的一丝宽慰。

李清照顾不得太多伤心，收拾起所余，在刀枪的缝隙里，翻山越岭，心惊胆战地向南曲折而行。太阳是白天的祷告，月亮是夜里的祈求。一路上几遇困局，几遇盗贼，几遇兵匪，但还好，虽然散失了些银两，但总能化险为夷，保住了那金石之物。

人常说"盛世文玩，乱世金银"，那是个乱世，歹徒多也就夺了钱财扬长而去，对于那些破书、破坛坛、破罐罐，那些歹徒也怕是没有多大兴趣。

其实，这些古物，对懂得的人，那是至宝；对不懂得的人，那就是路边荒草，实在惹不得他们正看一眼。

建炎二年（1128）早春，李清照携十五车文玩书画终于抵达了江宁。赵明诚急急地迎了上来，竟然是语不成声、热泪横流。

可这泪，多少为物，多少为人？

李清照也流下了泪水。那泪，却很凉，为自己，为家，更为这个国。一路的饿殍遍野，断壁残垣，让她明了，她的青州，她的明水，她的稍得安稳的淄州，甚至曾让她心茫茫情惶惶的荒城莱州，怕是再也回不去了。

春暖花开，大雁北归，而我们的女词人，却翻山越岭，背井离乡南去，身后是无涯无际的硝烟。那是一种怎样的悲怆？

那天，是新年的正月初七。窗外，春雪飘飘，不敢看，也不想看。清坐室内，围一炉火，看那烟直直而起，像一炷香，不知为谁祈福。在这天下苍生共同的节日里，祝福也该是给天下苍生，可这祝福又能救得了谁？北方在那零乱的窗外。一夜很长，也很短，还没打理好心情就这样过去了。毕竟这是春天啊，春暖，花就开；花开，蝶就来。如此，多美。

天亮了，身前的炉火不知何时已经灭了。急急地开了门看那春，可这浅浅的春里没有花开。一阵风吹来，好凉，李清照不觉打了一个寒战。

南宋，也并不是一个春天的开始。

◎ 故乡何处是？忘了除非醉

> 风柔日薄春犹早，夹衫乍着心情好。睡起觉微寒，梅花鬓上残。
> 故乡何处是？忘了除非醉。沉水卧时烧，香消酒未消。
>
> ——《菩萨蛮》

乡情，是多少人心底最厚重的爱。

江宁稍稍的安稳，让李清照的心情好了一些。这里毕竟是江南，虽然还在早春，风却很柔和了，阳光也是淡淡的暖。心中那种压抑，随那厚重的冬衣一起脱去，期待一个春暖花开的好日子。然而当早晨面对窗外迷蒙曙色，一股寒意又袭上心头。唉，鬓边的梅花妆又乱了。这听似平常的一叹，却展露了词人的内心。想那纷乱的时局，她又怎能睡着？一个又一个辗转反侧的夜，乱了妆容，也乱了心绪。

说到梅花妆，倒有一段来由。那是南北朝时期，当时宋国开国皇帝刘裕的女儿在梅树下小卧，轻风微吹，恰有一朵梅花落在这位寿阳公主的额头上。这一点惊艳，让她喜不自胜。然至晚间她想揭下时，那花却紧贴额上。待三天后，花瓣才洗脱。但那梅花的红，依然印在额头，美丽无比。宫女们纷纷效仿，于额头鬓边发间，贴花为爱，插花为欢。这就是梅花妆。因梅花不是四季之物，能工巧匠们便以金箔打出饰品，从此"梅花"便盛于女子的四季，盛于天下。

当初寿阳公主在的都城，就是李清照当下在的江宁。相隔七百年的时光，她们竟然有立足于同一地点的机缘，倒是一种美的呼应。只是寿阳公主的梅花妆是额头的欢，而李清照却是心中的愁。

怎不愁呢？原本好端端的山河，如今却分崩离析。秋风一样的金兵，呼啸而来，然后又裹挟着宋徽宗和宋钦宗两代皇帝、文武百官、后宫嫔妃佳丽、无数金银财宝等呼啸而去，留下无主的江山如落叶一样风雨飘摇。好在宋徽宗赵佶的第九子赵构此时恰受命于河北，躲过此一劫，匆匆忙忙在应天府（今河南商丘）披上了皇袍，改元建炎。然金兵的一声呼啸，他又望风而遁。刚到扬州想喘口气，闻听铁骑之声在城外响起，他又匆忙逃过了长江。

狼狈的帝王，狼藉的江山。

再冷的冬天，春也值得期待；再大的国难，只要有忠勇之士，也有江山再起的可能。然而宋高宗身边都是谁呢？一路跟随的，多是畏敌惧战之徒，不求解困于危局，只求苟安一方。国耻何雪？

看看那乞降书上的文字吧，"所行益穷，所投日狭""以守则无人，以奔则无地""见哀而赦己"。大意是：看在我退无可退、毫无还手之力的分上，求求您可怜可怜我，放过我吧。

为了苟安一方，皇帝竟然出此耻辱的跪地求饶之语。

虽身为女子，李清照却早已义愤填膺，奋笔疾书：

南渡衣冠少王导，北来消息欠刘琨。
南来尚怯吴江冷，北狩应悲易水寒。

如此猎猎如风的句子，让天下多少男人汗颜？

王导，东晋重臣，山东琅琊王氏望族，擅书法，尤其长于行草，传说书圣王羲之就是他的侄子。另有一说，传王导是王羲之祖父级别的长辈。这些学术之考，说明当时王家的威名之盛。唐代诗人刘禹锡《乌衣巷》中那句"旧时王谢堂前燕"，此"王"说的便是此王氏家族。王导不仅才情过人，对于王权，更是忠义无可复加。刘琨，也是东晋名将，为匡复江山拼力而战。

李清照寥寥四句，势如裂帛，借忠勇的古代名士来嘲讽一退再退的高宗赵构和那些苟且之臣。后两句，更是一种对这位皇帝狠狠地嘲讽。

赵构，这位二十一岁的青年皇帝，初登基时被寄予厚望，为贤良忠臣热爱。他确有卓异之能和良好的作为：钦宗时他出使金兵营帐，一举一动，不卑不亢，气定神闲，自带威仪；日常里，简朴亲切。然他一登高位，就信了谗言，重用奸佞。当时为留下他这条赵家最后血脉，立下奇功的重臣宗泽还曾上疏力劝宋高宗还京，以振兵勇，以正国风，这就是著名的《乞回銮殿疏》。可他上疏二十四次，竟然不得回应。这位六十七岁高龄出任汴京留守，被金人畏为"宗爷爷"的勇谋老臣，"忧愤成疾，疽发于背"。临终前，他反复叹诵杜甫的名句："出师未捷身先死，长使英雄泪满襟。"闻者无不泪如雨下。宗泽老臣，最后手指南方，连呼"渡河！渡河！渡河！"遂气绝而亡。

大宋，一个优雅风流的朝代，一个"唐宋八大家"可独占其六的文化盛世，就这样沦落得破败不堪。倘若张择端尚在人世，是不是会在自己的声泪里，将那《清明上河图》撕得粉碎？其实，那盛景已经碎了。凛冽的寒风里，一世繁荣却似烟火，留一地狼藉。

草木凄凄，疮痍满目，如此的江山，这样的时局，何来的春天？李清照遥望着狼奔豕突的北方，心如刀绞，不由哀叹：故乡再也没了。

酌一杯酒，再酌一杯酒，也许醉了就可以忘了。可醉了，也不能忘。醉里，想那长长的街，那街角卖小炉包的铺子；想那窄窄的巷，那巷子口吹糖人的货郎；想那老屋上的格子窗，那格子窗上红红的窗花，像姐妹们的笑脸。

李清照已经好久没有喝酒了。这酒，是家乡的酒。她怎会不想起明水，想起青州呢？她甚至想起了那并不快乐的莱州，小小的屋，窄窄的窗，旧旧的门；当然，还有台阶边那些藜草，该是更多了，更高了。那时的寂寞，相比于今天的悲苦，倒是一种宁静的快乐了。

只是，再也回不去了，那一座座城，都彻底荒芜了。

李清照又将斟满的一杯酒，一饮而尽。岂止那额头梅花妆乱了，泪水也早已乱了脸庞。

在青州或更早的时光里，李清照的诗词里是多有小酌的，青州之后，难见这样的文字。酒杯，只是很偶然或是无奈时才举起。在更远的南方，她喝酒却又勤了。初时小酌，是清欢；再举杯，多是浅愁；又举杯，却是悲苦。

人生就是这样，不管你满心有多么美好的夙愿，再相逢，已不是那一杯。

世间，没有永远的等待。再真诚的岸柳，也不会等来曾经的那一朵浪花。只因岁月早已更换了情怀，一样的花开，也是别样的滋味了。

君自故乡来，应知故乡事。
来日绮窗前，寒梅著花未？

王维这一问，几多相思，虽情深意长，倒也可以答得从容。

李清照的酒，也是家乡的酒，可谁来回答她那一问呢？山河破碎，复兴无望，真是愁肠百结。

她只好酌一杯，再酌一杯。酌了多少杯呢？无人知晓。只记得那沉香是睡前点着的，迷迷糊糊睁开眼的时候，香不知道什么时候已灭，香灰已冷，可她的酒意还没褪去，她还在那乡愁的梦里。

早春，是梦出发的季节，一路将欣欣向荣。可她的梦，只是郁结的蕾，闷着，苦着，难见春天，不会开花。她的花，随着金人那铮铮的铁蹄之声，已然谢了，而且被踩成了一团云泥，留在那方土地上，成了殷殷的思念之血。

海子有诗：

面对大河我无限惭愧

我年华虚度 空有一身疲倦

和所有以梦为马的诗人一样

岁月易逝 一滴不剩

……

此时的李清照何止是一身疲倦，她是满心的伤悲。还好，她并没有一滴不剩，明水的百脉泉是没有了，青州的易安居是没有了，但毕竟还有赵明诚，是那乡音的亲切，是那故土的温暖。

◎梧桐应恨夜来霜

寒日萧萧上锁窗，梧桐应恨夜来霜。酒阑更喜团茶苦，梦断偏宜瑞脑香。

秋已尽，日犹长，仲宣怀远更凄凉。不如随分尊前醉，莫负东篱菊蕊黄。

——《鹧鸪天》

人在异乡，若是有好心情尚可，若是愁肠，那春也不是春，那秋也不是秋了，尽是悲意绵绵。

南方之远，于背井离乡的李清照，绝然是没有什么诗情画意的，俯仰之间，多是愁肠。而此时的她，相比而言是安稳的。赵明诚出任江宁知府。作为知府夫人，李清照居有屋，食有粮，虽有刀戈之声可闻，但毕竟没有兵至江宁城下。虽是异乡，这一城，却有这一个他，情感尽管不似初时，但毕竟是女人命里的伴。想那时，或陆、或海、或山、或川，独自一路波折南来。那种今日不知明日的惶惶之途，和今天比起来，着实是地狱和天堂了。

可这个她，不想苟安于一方，敏感的心时时贴依于家国之忧。自早春而来，到这晚秋之时，何曾有过一日明媚，半日开怀？

那一夏呢？那里该是荷叶田田，蛙鸣声声，还有那小船，还有那鸥鹭吧？没了，她的心，早没了那一季的郁郁葱葱。靖康之耻，是最大的一场雪，重重地压在宋人的心头，让词人的词，一句一句，是凉凉的冰，在无月的夜里，他们用冻得僵硬的手，抚摸着自己的语调，如同抚摸自己碎得不成模样的心。

那天，那么冷，冷得太阳都在颤抖，薄薄地照在窗格上。这岂止是一句"却道天凉好个秋"所能表达的？

那风也在吹，阳光随风而动，就像蜘蛛网一样，飘飘荡荡的，那么无助。那时的江宁，就是这样寂寥的吧？街上空无一人。不，也许有一群又一群的难民，挤在某个可以避风的角落里。但他们没有动，和这座寂寥的城一样，是一片死寂。他们实在没有力气动动手脚。

这城，这国，还有力气吗？

来江宁已有半年光景，可李清照看到的只是江河日下。

宗泽死谏，唤不醒赵构。就连她的明诚也上书，恳求宋高宗能立身于江宁，能据守江岸，力求临险而谋，退可退，攻可攻。可终究没有人能挽留住这位皇帝逃窜的脚步。

她的故国，已没有了一点铁血意志。

他乡，是一个太阳不生暖的地方，更何况那是个乱世。寒风萧瑟，落叶纷纷，凉了这一人，凉了这一城。

又是梧桐，可那不是家乡的梧桐。这秋哪堪比那时的秋，如今想来，曾经的一点家恨，真算不了什么。梧桐有恨，恨那霜夜袭而来，猝不及防，转眼已是黄叶纷纷。梧桐恨，恨北寇太狰狞，恨国主太无用，恨奸佞太误国。多少恨，似那纷纷落下的霜叶，重重复叠叠。

李煜叹："小楼昨夜又东风，故国不堪回首月明中。"东风复来花事，而他的国已在虚妄的明月之中了。

江山春秋，却也在倏忽之间。

北宋初年之叹，却在李清照这里应了。只是到了女词人这里，是秋风的乱，更不见明月，只有她的北方。而她的北方，正狼烟滚滚。

一个才如春水的词帝，一个才情惊艳的词后，在一个朝代的两端，失声呜咽。

　　两位李氏词人，都为江河草木，太过多思，太多情怀。李煜都主宰不了江山沉浮，让李清照这样一个女子又能怎样？唯有一哭，唯有一醉。其实，素来倾情于杯中之物的李清照，自南渡以来，多是一喝就醉，一醉难醒，再没有了小酌。小酌是有情趣的，有品位的，那是诗词爱好者对月邀影的雅事。江南，本来很适宜的，而此间不行。江宁，那是一座惶惶的城，住着一城惶惶的人。霜打梧桐的季节，也只能喝闷酒，喝着喝着，就多了；喝着喝着，就醉了。喝多了，也只能用苦茶来解醉，可哪能解得了？梦没了，只能靠瑞脑香的烟岚，来聊以自慰，可哪能得安慰呢？

　　秋色更料峭了，苦寒的日子将更深了。想想，此时的痛，远比仲宜登楼感怀家乡凄凉得多。仲宜，即东汉时期建安七子之冠的王粲，曾与蔡邕之女指腹为亲。长大后的王粲恃才傲物，蔡邕为磨砺其心智，一再设坎坷之局。王粲郁郁不得志，与好友登楼醉吟，尽吐思乡之愁。其情之切，其情之悲，感天动地。知了岁月艰涩的王粲，后来经蔡邕大力相助，终展抱负，成为国之重器，遂与蔡邕之女成就琴瑟之好。

　　蔡邕有一女，貌能倾城，才可落雁，那就是蔡文姬。我以为是她曾与王粲有少小之约，不知为何嫁了卫仲道，后来又被掳去匈奴，这样，也太悲情了，细看，才懂。公元 193 年，十七岁的王粲还在他乡寥落，正是叹登楼的时候。而公元 195 年，蔡文姬已被匈奴左贤王掳为妻，嫁于卫家，更是早在公元 193 年之前之事了。如此看来，那位与王粲有婚约的蔡家女子，并不是蔡文姬，而是蔡家的另一位小妹。不过，蔡文姬被曹操赎身的时候，曹操并非完全是为她《胡笳十八拍》撕心裂肺的才情所动，更主要是看到蔡邕无子嗣伴左右，才动了恻隐之心。那么嫁于王粲的另一位蔡家小妹呢？看来没受姐姐那般岁月蹉跎的她，却陷于红颜薄命的殇，早早地故去了。这，竟不如历经周折、伤痕累累的姐姐，最后归于董祀的身旁。

如此蔡家双娇，却说哪个更让人扼腕呢？

李清照想到了王粲登楼之叹，也应该想到了蔡文姬的塞北之哭。世间两代才情女子，一个南望，一个北愁。这倒是"多情总被世情伤"！

伤春悲秋，多为诗人词家恨不能把这平平仄仄做了刀枪剑戟。李清照为自己的心头愤恨，曾写过一首《咏史》：

两汉本继绍，新室如赘疣。
所以稽中散，至死薄殷周。

诗中以王莽篡政为古鉴，嘲骂张邦昌等国之叛徒；再以竹林七贤领袖稽康慷慨赴死为灯塔，映照人心。可这种黑白之骂，耻荣之呼，令人也只能听那断魂声声的《广陵散》，又哪能拦得住一个朝代的滚滚东逝？

词人那振兴山河的呼喊，那激浊扬清的高歌，也只是旷野里的一缕轻风，没有谁在意，没有入谁耳，甚至都不能卷起半片落叶。

世事无常，多么无奈。骂也罢，哭也罢，又能如何？"不如随分尊前醉，莫负东篱菊蕊黄"。

世间大隐，不过有二：一是陶渊明，二是林逋。林逋，看似洒脱，却是隐得苦，隐于情，所以隐于梅，以花枝为遮掩，放飞鹤于烟云，却终是隐不住一枚玉簪的女儿香。陶渊明，那是释然，隐于菊，乐于茶，轻浅适然，陶醉于潜，一缕世间的真冷香。一个人，一杯酒，一丛菊花，一围篱笆，了却世间滋味。

这，看似释然，其实是李清照的无奈，是看不到明天的悲痛欲绝。躲在深深的窗格后边，从那窄窄的空隙里，望向那远方，有期待，更多的却是麻木。北方那荒凉的驿道上，一匹瘦马踉踉跄跄地奔走着，向南而来。看那马上人呆滞的眼神，就懂了，该是一座城，或是两座城失守的噩耗。身后，尾随而来的，是一片片亮闪闪的刀光，铁蹄扬起万丈风沙。

江宁，吞吐江水于东西，扼守要塞于南北。战火的弥漫，使这里拥挤着许多的难民残兵。建炎二年（1128）早春至这个晚秋的大半年时间里，几乎没有任何鼓舞人心的消息传来。

李清照一次次看到丈夫赵明诚将一纸又一纸的官文狠狠攥成团。李清照懂得，可她还是不死心，将那些文字慢慢展开，然后又慢慢地在掌心里揉捏。窸窣作响，如碎的秋叶。

南方，于许多人来想，都是那候鸟的心事，一步步向暖，谁能想到是这样的不堪呢。就连赵明诚这样的朝廷官员，都不能给逝去的母亲寻一个安稳之地，只能草草地葬了。试想会有多少尸骨被掷于荒野，弃于路旁？

乱世里，哪有花开的地方？这个秋天，李清照说好了让自己淡然的，她知道自己无力承受一秋之殇，更无力承受一国之殇。于那纷乱的嘈杂里，于那浑浊的纷扰中，不说恨，不谈情，不问死，不言生，驾一叶舴艋舟，一斗笠，一只橹，在那桃花源里梦余生。

只是那风又紧，乱了梧桐，乱了她的窗。

◎ 可怜春似人将老

永夜恹恹欢意少，空梦当时，认取长安道。为报今年春色好，花光月影宜相照。

随意杯盘虽草草，酒美梅酸，恰称人怀抱。醉里插花花莫笑，可怜春似人将老。

——《蝶恋花》

唐代诗人王之涣有诗句："羌笛何须怨杨柳，春风不度玉门关。"说的是凉州之凉，春风无可抵达，更说的是边塞之苦荒。而建炎初年的南宋，可以说那里也是"春风不度"，无一处暖，无一处有生机。

一转眼，又是春天，试着调整好自己的心弦，与这个季节唱和。李清照也曾一次一次地安慰自己，时局之大，不是她一个女人所能承担。怀想和遥望，都不如好好地把握当下。从建炎二年（1128）初到建康的张皇，渐渐地，一缕惊魂稍有平和。

她也曾试着小酌，想约一片明月，可那滚滚的狼烟总是不给一个晴朗的夜；她也曾想携一段花香，可那寒气，总是乱了春风，了无颜色；她想独自里品那陶公的菊花，可哪里有那一围安闲的篱笆，这一城，这一国，都是断壁残垣。

她更曾想回味一程过往，可她的他，早已没了心情。

宋周辉在《清波杂志》有载："顷见易安族人言，明诚在建康日，易安每值天大雪，即顶笠披蓑，循城远览以寻诗，得句必邀其夫赓和，明诚每苦之也……"

如此看来，李清照是常常和赵明诚外出踏雪的，每得诗句，多要丈夫唱和，赵明诚苦思冥想，也难以应对。此处绝非说赵明诚的才学多么不堪，实在是于繁杂的公务中难有心情。可即便如此，还能脱身陪妻远行觅诗，也说明他此时对李清照的感情远比莱州那时好了许多。似乎是乱世之中的相守相伴，让他懂得了珍惜。

不迎春，不踏秋，李清照为何总爱在雪里远走呢？雪，在建康，却是北方情结，更是她家国之远的惦念。一次次踏雪而行，不是觅诗，是为了寻找一种向雪求春的家乡情怀。她想和他回到从前。赵明诚不能唱和也无过，男人似乎更无心于这样。而且，一切都是过往，回不去的过往。

时光如梭，有谁能退回半步呢？

可词人李清照就要回忆，她的北方有太多的不舍和美好。站在一处高坡上，望两岸群山，看一江怒涛，她不觉想起了南朝谢朓的诗句：

> 大江流日夜，客心悲未央。
> 徒念关山近，终知返路长。
> 秋河曙耿耿，寒渚夜苍茫。
> 引领见京室，宫雉正相望。
> ……

遥望京都，那宫阙楼台是不尽的苍茫，是"今夕是何年"的叹。

再撩春风，花已不是那一朵；再笑秋霜，叶已不是那一片。其实，没有谁还是曾经的自己，甚至家国。

赵明诚不是，李清照不是，一如她的诗词，一阕烂漫，一阕娇羞，一阕闲愁，一阕烦忧，一阕悲苦……

一步一步，日子越深，越是更沉重的颜色，谁还有那"却道天凉好个秋"的少年闲愁？

春三月，那是多艳丽的时光，加上亲人们远远近近地聚来，真是一个大欢喜、大团圆的好日子。

建炎三年（1129）的三月三，这应该是李清照来到建康最温暖的日子。她的胞弟李远和赵明诚的两位兄长以及其妹和妹婿，一众人等齐聚这座古城。

三月三，即上巳节，是我国古老的传统节日，为踏青赏春的佳日，可谓历史悠久。宋朝时，盛况还在，宋人吴自牧在《梦粱录》里这样写道："士庶烧香，纷集殿庭。诸宫道宇，俱设醮事，上祈国泰，下保民安……迎列于道，观睹者纷纷。"今天，虽然有一些地方还有三月三的习俗，但远不复以前的热闹景象。唯留下那句"又是一年三月三，风筝飞满天"的乡语在人们的口里传唱。

客居建康的赵明诚，还能将一家人聚到一起，也再次证明了宋朝那时上巳节的确是盛况，非同寻常。相约了春风，大家一起出发。也许，在那苦难的日子里，更需要这样的祈福。祈家福，祈国福。

偌大的一家人，在那个烽火年代，能有这样一次大团圆，实在是难得，实在是幸运。众人说别愁，诉聚情，无话不谈，一直到深夜，似乎还没尽兴。

李清照偶尔应一句，大多时候是在听，听，其实也没用心听。她更多的是心酸。这样欢聚的盛景，似乎是在汴京那时才有，真像在梦中。此时的春光尚好，可我的汴京，我们的汴京呢？它在这春光里吗？

这一问，让多少人悲，让多少人低头不语。

李清照和赵明诚，也想摆出自南渡以来最丰盛的宴席，可能捧上桌的，也只有随意的几个碗碟。国苦，家何能不苦？好在酒是好的，那是从北方家乡带来的酒，一直珍藏着，此时，可以相待于亲人，相待于自己，可以换得一家人短暂的欢欣。

酒是欢，酒是愁；酒是春风，也是秋雨。入谁怀？得谁心？

这些欢，这些愁，都是可以斟满的酒。此时此刻，自是不会少喝，不能少喝。喝着喝着，就有了醉意。李清照放下酒杯欲起身，却险些摔倒。赵明诚急忙用手相扶，李清照轻轻一笑，转身走向门外。待她回转来，手里多了一枝杏花。

院里，有一树一树花正开。三月，杏花不是盛时，已显零乱。她却独折了这一枝杏花。

李清照摘下小小的一朵，叫赵明诚给她别在鬓边，忽然就吟起自己当年的那首《减字木兰花》来：

卖花担上，买得一枝春欲放。泪染轻匀，犹带彤霞晓露痕。

怕郎猜道，奴面不如花面好。云鬓斜簪，徒要教郎比并看。

初嫁那时，花好人好，家国春风，万里似锦，真是那说不尽的美。诗情和着醉意，让李清照脸上有了几分难得的娇羞。一家人看着李清照非常高兴，也齐声叫好，纷纷鼓起掌来。恰在这时候，一片花瓣从李清照的头上飘下来，她忽然就叹了一声，抚着赵明诚那零乱而间杂着银丝的头发，对大家说道："汴京那时，我们都年轻，多好。可是现在，我们都老了。"

老了他们，当然还有他们的国。此时相聚，怕也只是昙花一现。明天又各奔风雨，未来将是怎样？

大家不觉又低下了头。

夜已经深了，菜早就凉了，唯有酒醉着大家。

几位亲人，终于去休息了。李清照依然难以成梦，她手里的那枝杏花，也几乎落了个干净。她拿起笔来，记下了这一天，这一晚，这欢里的愁，这春风渐寥落的日子。

今天，我们追读词人的这首《蝶恋花·上巳召亲族》，初时，觉得李清照是有些不近人情的。不管时局怎样，家人在离乱中难得相聚，应该放下愁语，多说些欢言，一句句春去人老的感叹，未免有些煞风景。可当我们去探寻这个春天的时候才发现，李清照的叹息不是无端由的。那是她无法抒怀的叹，是她无法抑制的哭泣。

想李清照初到建康的时候，是建炎二年（1128）春节刚过，那时上巳节也没到啊，为什么那时亲人们不来庆贺，而要等到了第二年的三月三？或许那时候彼此散落各方，着实难聚。但更重要的原因是，这一年二月，赵明诚因缺少担当被皇帝罢了官职。

读这首词的种种不解，刹那就明亮了。

流落他乡本就难以身心舒畅，再遭如此重挫，赵明诚哪能有好情怀？此时，亲人们不顾远近，纷纷相聚而来，也不过是借三月三之名，在不言不语中，来给赵明诚一个明确的宽慰。

亲人的好意，李清照不是不懂。可是这样的事件，实在是晴天霹雳，实在太出乎她的意料，让她失望，让她痛惜。她对赵明诚曾经满怀信心，憧憬他成为栋梁之材；即使幽居青州，也怀揣爱意，鼓励他勇攀金石之峰。后来，他选择了再入仕途，她也毫无怨言。家国轻重，她懂。然国难之时，赵明诚却失了品节，怎不让她心痛？

她懂亲人们的心，她也想笑，可那种强颜欢笑，终于在酒中难以遮掩。

她叹，她哭。守着这些至亲至爱的人，为什么不能痛痛快快地哭一场呢？错过了，再没有机会；错过了，无处可哭。那种独自的哭泣实在太委屈了。

这个原本要笑的三月三，她哭了，哭得痛快，哭得酣畅。

她哭自己，也哭赵明诚，更哭那个国。这样的大悲伤，足以让天下同哭。那个无筋无骨的皇帝赵构，不是也假惺惺地掉下了许多眼泪吗？

就像台湾作家简媜在《水问》里所说："像每一滴酒回不了最初的葡萄，我回不到年少。"

没有什么可以在哭声里挽回，才情不让须眉的李清照也做不到，所以我们为她叹息。

不必悲春伤秋，一朵花、一个人、一座城，哪怕是一片山河的老去，这就是历史。一页一页的文字，看似是在风中零乱，却原是时光早就谋划好的段落，墨不着色，已是谶言。

第八卷

人间天上，没个人堪寄

◎愁损北人不惯起来听

窗前谁种芭蕉树？阴满中庭。阴满中庭。叶叶心心舒卷有余情。伤心枕上三更雨，点滴霖霪。点滴霖霪。愁损北人不惯起来听。

——《添字丑奴儿》

很多时候，相遇不一定美好，因为错过了那个本该，错过了那种心情。哪怕花旖旎，哪怕云轻盈。

江南，烟雨中不尽的亭台，山谷中无数的楼阁。那乌篷船的飘摇，那小巷里渐渐远去的油纸伞，那青花瓷的一缕风神，还有那紫砂壶里久久不散的暖香，让多少文人墨客，写下千古文字，荡漾着人们的心，向江南而爱。

李清照遇了江南，可她来得不是时候，更因为来得有些惶惶，家破国殇，硬生生把一个花团锦簇的女子逼成一个心事乱蓬蓬的异乡客。她是为寻一个可以将心稍稍安顿的地方而来，可原本草长莺飞的江南，也没了这样的柔婉。

错的心，错的时节，李清照握笔的手颤抖着，落墨是一纸的离乱。建康城，原本繁华，在那个乱世却衰败了，更重要的是人心的没落。女词人是迷茫的，因为她也曾一次次走到高处，想寻找一些聊以自慰的感动，可是远处的狼烟、近处流离失所的民众，让她实在高兴不起来。好在身边还有赵明诚，尽管他是那么忙碌，为了政事而焦头烂额。可这个他，一口乡音里是故乡的温暖，是心唯一可踏实依靠的树，是恍然梦在中原的惊喜。夜里，一句乡音，就可以安然入睡。有他，就少了许多的慌乱。

只是，她没料到，这个他，不是树，而是一朵云，倏然一闪，逃离了她，逃离了一座城。

守陆路南北、扼水路东西的古都江宁，曾繁华无边、笙歌漫卷。南宋初年，江宁虽然因动荡而显得冷清萧条，但毕竟是要冲之地。赵明诚任职此处，也是系于朝廷重托。然而这份责任，似乎让他倍感压力，他每日里叹息声声，愁眉不展。

握权柄在手，却无胆气担当，赵明诚真算不上一个好男儿，如此，也不过是一任庸庸碌碌的太平官吏。李清照看着这样的丈夫，不住地摇头，可她能说些什么呢，身边只有他了。而且，战争终究不是风花雪月的斗诗斗酒，而是兵戎相见的血肉相拼。皇帝半穿着龙袍早逃得没了影，她的丈夫还能站在江边城头，已然很好了。

她懂，一个关隘，一座城堡，也不过是为帝王抵挡风雨的一块砖石。然而，她也懂得，这更是万千百姓的生命壁垒。守，是一城安；弃，是万千悲。所以她时常用古今英雄来激励赵明诚，渴望他成为一个有气节、有胆魄的人。赵明诚总是应着，答着，却是那么的无心。

男人的心不在焉，也让李清照心神不安，可她又能怎样呢？那时的她，不能挥笔令三军，不能持剑定乾坤。她只能默默祈祷，以求岁月安宁，家国相好。

赵明诚，一个相国公子，其实并没有经历过太多的波折，即使是他父亲因与蔡京的争斗而罢职离世，那也只是小小的惊吓。十年青州，闲守一方，怡情怡性，更是身心自在。后来任职莱州，也少有机要之事，欢酒歌宴，也是浮浪行事，不过是潦草一方。待到了淄州，国家刚有点风吹草动，他就慌张了，借着母亲的丧事急急忙忙南下，留下李清照在身后一路追赶。

他，没有真正地历练，也就无可能有真正的担当。任职江宁不过一年有余，这个要冲之城便让赵明诚渐渐感觉心有余而力不足。他先奏请皇帝驻留江宁，这样可攻可退，利于江山社稷。的确，赵明诚是从国家前途出发，可何尝不夹带了借皇帝来为自己壮胆的私念呢？在赵构没有准他的谏言之后，他又多次请调。也许，在他的心里，总有一种隐隐的不安。

有时候人生就是这样，你千躲万闪，总想绕过命运的纠葛，可命运却不想饶过你。在你又躲闪的刹那，它就和你迎面撞了个满怀。

建炎三年（1129）二月，赵明诚接到移任湖州的诏令。已经将移交的事务收拾妥当之时，他手下的吏官李谟来报，说守城的将领王亦将在那天夜里举兵叛乱。

起初，赵明诚斥责李谟一派胡言。可李谟说得有理有据，言之确凿，恳求赵明诚快做打算。这下，赵明诚有些慌了，又以已经接到调任的官文为由，言说不再主持江宁的政务。

李谟据理力争，求赵明诚在此紧要之时，担当一城的安危。可赵明诚不住地摆手摇头，只推说这事由李谟自行处置即可。僵持了很久，也没个商议，李谟长叹一声，愤恨地离去。

赵明诚看着李谟远去的背影，一时也呆在了大堂上。说来离职正好是一个借口，即使没有这个调令，他怕也是没有什么应对的计谋。

想着这些，赵明诚的心里不禁难过。在他黯然神伤的时候，身边的通判毋丘绛说："赵大人，叛兵举事的时间快到了，大人还愣在这里做什么？"

赵明诚一惊，发现已近三更，连忙说："那我快回家。"

观察推官汤允恭急道："回什么家啊，大人，来不及了，快跑吧。"

三个江宁城的要员，就这样慌不择路地出了衙府。

李谟虽然不是武将，但很有计谋。他以知府命令为名，布置士兵在要道设下埋伏，立上栅栏。王亦和叛兵见城内有所准备，知道事情早已败落，也就慌了心神，急忙打开城门，夺路而逃。

平了叛军之事，李谟来府衙汇报情况，不想几位要官都不见了踪影，四处打听才知道，赵明诚和几个身边的官员趁夜在城墙上顺下长绳，缒城逃跑了。

此等丑事一出，江宁全城哗然，百姓愤恨不已。朝廷也震惊了，一纸诏令，将赵明诚及毋丘绛、汤允恭罢了职务。

若是赵明诚能听从李谟的建议，共商计谋平复这场风波，哪怕他只是坐等在府堂上，也将是他善始善终的一大功劳。可他偏偏选择了弃城而逃的下策，真是自取其辱。

很多的时候，看似风高浪急，若能有一颗从容心，却常常是平湖微波。慌乱的心，总有慌乱的局；适然的心，自有适然的果。

每每想起自己缒城而逃那笨拙的样子，赵明诚总是又羞又愧。原以为自己有一番本事，也曾经意气风发，没想到紧要关头自己竟是如此的怯懦。他坐在家中长吁短叹，恨自己负了朝廷的使命，恨自己负了夫人的苦心，更怕为此牵累了还为任一方的两位兄长和几位亲人。

人，也许只要一步棋，就定了你的胜败，就懂了你的品性。所以当我们举棋不定的时候，还是要慎重考虑，一落子，就有了黑白胜负；一落子，就明了善恶是非。

建炎三年的二月，赵明诚夜里落下的那一子，是他一生中最大的耻辱，再也洗不白。

还好，一路走来，李清照已经懂了赵明诚的懦弱，也就没有责怪他。她适时地端来一杯茶，安慰着自己的男人："一切都过去了。"

是的，那个夜晚是过去了，可对于疾恶如仇、恨帝王无能、骂奸臣当道的李清照来说，那丑陋的夜色又怎么能在她心头散去呢？一转身，她已经抑制不住自己的泪水，只好悄悄地走到窗前。

外面是谁种的芭蕉，该是有些年头了，阴凉虽然已经满了庭院，可那蕉叶不断舒展，而蕉心长卷。就像赵明诚的悔恨半吐，就像李清照的抚慰半含吧？

不得舒展，不得舒心。

一声梧叶一声秋，一点芭蕉一点愁，三更归梦三更后。

落灯花棋未收，叹新丰孤馆人留。

枕上十年事，江南二老忧，都到心头。

元人徐再思的这首《水仙子·夜雨》，让我想起了李清照奔赴莱州寻找赵明诚，夜宿昌乐时写的那首《蝶恋花·东莱不似蓬莱远》，愁思一般，却远比不了此时李清照心中的国殇。她比徐再思，比那时的自己，更无奈了。她一声声愤这个，恨那个，谁知，近在咫尺，竟然也有了如此可愤恨之人。可她又如何骂，如何怒呢？

本就心伤，又下起了夜雨，哪还能睡得着呢？他也伤心的，可他睡着了。

梅雨季节，雨总是下得这样细细的密。那滴滴答答雨打芭蕉的声音，好似琴声乱弹，真是惹人心烦。

李清照翻了一个身，然而那窗外的雨声似乎更紧密了。家乡，没有芭蕉，只有梧桐。那雨打梧桐的声音也乱，可终是没有乱得这样急，乱得这样密。

一棵梧桐，听不到的北方，在雨的深处；翠绿的芭蕉，听不惯的南方，近在窗前。

北人在南方，是独自的泪。

夜雨里，他睡了，小城也睡了，似乎那长江也睡了。只有她，披了衣服，在这无灯的窗前，听雨，听雨打芭蕉，听自己的泪声。

那时的江南，真没有她的爱。错的岁月，错的人，也就有了错的景，借一阕阕词，字字写愁心。

◎ 连天芳树，望断归来路

寂寞深闺，柔肠一寸愁千缕。惜春春去，几点催花雨。

倚遍阑干，只是无情绪。人何处？连天芳树，望断归来路。

——《点绛唇》

岁月中，有多少相遇、多少别离，让人们在情感中起起伏伏。有多少是想忘却又难以忘却的，又有多少是不舍却又不得不舍的。那一个人，那一处街口，那一座城，许多的许多，在人们的背影里，渐远渐烟尘。

明水小镇、汴京、青州、莱州、淄州……这么多的城都已在李清照的身后。看似岁月艰深，蓦然回首，才觉得其实都是那么轻浅。不管那时心境苦涩或甜蜜，每一步都有许多的留恋。她甚至更惦念莱州了，那个荒远的城，那份寂寞，那份孤独，原来是那么难得。矮矮的小屋，简单的桌椅，小小的窗子，还有那藜草，一天天长高，漫过一级级的台阶。那哪是荒凉呢，那是隔断世事喧嚣的栅栏。无他的世事，独自的清幽。

原本的落寞，竟然是一种安稳。本应写更多的诗词给那城的，却只自顾说自己的愁怨，负了那段时光。

李清照忽然觉得，她竟然欠了莱州很多。她十分想念那个小城。

一座荒城，却成了此时深深的忆念，此时李清照的心中，该是怎样的悲苦？

想她少年那时，就寄情于诗词文章，一生追求平仄之境；素居青州，更是以《词论》评论先辈大家，虽然难免有被人诟病的"妄论"之说，但终显她心事峥嵘，力求完美。于生活中，她可以不慕求荣华富贵，但诗词不可潦草，志节更是心灵的持守。当国遇靖康之耻，她更是放笔文墨，棒喝世间宵小，呼吁天下志士，共赴国难。

在江宁城，爱国成了她的最强音。岁月有时候就是这样让人瞠目结舌。她的话音未落，作为一城之首的赵明诚，竟然因为小小的异乱缒城而逃，哪有一点谋国谋兵的骨气担当？

李清照羞愧难当，多想在那个夜里永不醒来。可第二天的早晨还是来了，她真真切切地看清了男人从城墙上顺着绳索笨拙下滑的身影。那是她黎明的噩梦。

谁弃了这一城，这一城也会弃了他。

赵明诚被罢了官，愧悔难当，深居家中，几日便憔悴得不成样子，看起来很让人心疼。可是他有多少是真心的悔悟，有多少是为自己的颜面叹息呢？

岁月太远，无处可问，无法相问。可那时，志节磊磊的李清照是可以问的，可她试了几试，还是放下了这口气。也许赵明诚那长吁短叹的样子，让她心软了。这毕竟是她的男人，是她身边唯一有着家乡温暖的树。尽管是这样怯懦，但多多少少包裹着她漂泊的根须，让她不至于无遮无掩地裸露在风雨之中。

李清照无数到唇边的怨言，也就成了软软的一句："我们，走吧。"

生活不仅仅有诗与远方，还有诸多的苟且。很多时候，我们只能用那句"人非圣贤，孰能无过"来安慰自己，宽慰别人吧。

落花渐去的三月末，他们离开了建康城。

赵明诚没敢回头，因为他知道，虽然有移任湖州的调令可为自己遮挡，可作为普通的民兵，尚有为祸乱拼力一战的决心，他毕竟身为朝廷官员，却做出了缒城夜逃如此不堪的行径，实在无颜于这一城，无颜面对这一城父老。他也深深知道，更无颜于夫人李清照。他更知道，她也是他心中唯一的暖，无颜以对也得面对。

李清照还是回头看了一眼，因为她明白这一望是决绝的分别，再不会回来，她不想听那一城之笑骂。这城，是她的羞辱之城，是她和他的耻辱之城。

江宁，依江而建的宁静之城，在她和他的心里，恰似滔滔江水，再无安宁。

走吧，在无家的江南，寻一个可以相依立足的门楣，以北方的梦作家常烟火。

石头城的码头，赵明诚和李清照的一些亲近之人特来相送。大船起锚的那一刻，没有人说半句送别的话，只有轻轻的哽咽、低低的泣诉。

三月三的相聚，其实更是为这今日的相别埋下伏笔。一聚一别，多少说不出的滋味。

船溯江而上，渐渐向远，赵明诚的大哥赵存诚忽然大声喊道："三弟，若是日后你能回山东老家，千万别忘了把我的灵柩带回去啊。"

国乱那时，如此一别，谁生谁死真是难料。赵存诚的一句话，顿时惹得船上船下哭声一片，直淹了江水的涛声。

大江一浩荡，离悲足几重。
潮落犹如盖，云昏不作峰。
远戍唯闻鼓，寒山但见松。
九十方称半，归途讵有踪。

建炎三年，也就是 1129 年，李清照四十六岁，正是九十之半的年龄。南北朝诗人阴铿的这首《晚出新亭》，让她格外感慨。的确，这位北人南居的诗人的悲歌，正应了她此时的心。

一路舟车，一路无语，郁郁寡欢的李清照心事沉闷。当到达乌江的时候，那滚滚的急流，让她陡然想起了楚霸王。那时项羽兵败于楚汉之争，退至江边。船夫让他快上船，并劝慰道："江东虽小，地方千里，众数十万，亦足王也。"

项羽见身边再无他人，唯自己单枪匹马，仰天叹道："天之亡我，我何渡为！……纵江东父兄怜而王我，我何面目见之？"遂挥剑自刎。

项羽有虞姬殉情，有坐骑乌骓马殉义，自刎殉勇，如此男人，真是世间难见的英雄豪杰。

> 力拔山兮气盖世，
> 时不利兮骓不逝。
> 骓不逝兮可奈何，
> 虞兮虞兮奈若何！

这般男儿，正是李清照要寻找的英雄。而大宋帝王毫无豪气，只想划江而治，偏安一方；臣子们更毫无勇气，不图复国复家，只想苟且荣华。她自己的他，却舍了那一城，舍了忠义，舍了名节。想到这里，李清照心中郁结了许久的悲愤终于喷涌而出，彻彻底底地一吐她的须眉之情、丈夫之气：

> 生当作人杰，死亦为鬼雄。
> 至今思项羽，不肯过江东。

这一首《夏日绝句》的呼喊，若声声厉骂，如刀如剑，刺穿了自己的心，也刺疼了赵明诚。其实，李清照更想刺穿的是那昏君佞臣们的心。可他们的心，早已经麻木了，血性不再，哪还在意这一声呐喊？

看皇帝赵构，先是以巡察为借口，于建炎元年九月逃离应天府；小停扬州，在金兵的气势下，再次狼狈逃往镇江、常州、吴江、秀州、崇德；最后在杭州稍稍收了收神，下了一道假惺惺的"罪己诏"来收买人心，却又严惩力主抗金的大臣，来献媚于金人。

一退再退的帝王，一碎再碎的河山，万民悲哭。

她，也只能以这诗词呼喊着，因为一个女子的血性实在太微不足道了。遥望昏君，她不能持笏言政；面对横扫的铁骑，她不能披坚执锐；面对那个乱世，她着实无力回天，只能徒唤无奈。

无奈，就唯有避开，才有了她在他耳边的那句："我们，走吧。"

"春三月罢，具舟上芜湖，入姑孰，将卜居赣水上。夏五月，至池阳。"

一路向西南，李清照和赵明诚将脚步停在了这样一个名为池阳的小城，他们想在这里寻一处安命之所。

池阳，毕竟不是青州，李清照找不到那种安心。小小的院落里，虽然远离了战火，但是更感寂寞，想想旧事，真是柔肠寸断。本以为来到江宁一年多，这个春天日子会向好。不想自己的他，失了那城的德，失了自己的节。这样的耻辱，真是让人羞愧，一时惶惶然，感觉无所归依。

王的懦弱无能，臣的六神无主，实在让人感叹。真是有些"靠山山倒，靠水水枯"的味道。

肝肠寸断能怎样，倚遍阑干又如何，乱得毫无头绪。池阳的李清照，就这样焦虑着，一会儿心在北方，一会儿又心在江南，恍恍然，凄凄然。

谁来挽救这支离破碎的江山？

那个英雄在哪儿？

哦，就连她的明诚都已经不是曾经的明诚了，这乱世，还有谁可倚？还有谁可求？有时候她看着赵明诚，竟然有些恍惚。他让她太失望了。

五六月的池阳，天很热，这让李清照的心更躁。那些金石文物，她也无心打理，乱乱地堆在一起。偶尔翻出一本书来看，那些欢言，惹了心烦；那些愁语，更惹了她难过。放下书，到门口瞧一瞧，这本是夏季啊，可那天地间毫无生机。看那来路，寥无人迹，荒草枯木遮漫开来，望不到涯际。从此，怕是再没有回去的可能。

人，有多少路可以回呢？其实都是有来的步履，无回的归程。迈出了那一步，注定不能转身。转身，已无路。

李清照叹自己，也叹他；近叹那江宁，远叹那青州；小叹自己的家，大叹自己的国。

一切，都是梦里云烟。错过了，就是永远；再回首，已物是人非。

池阳，临水的城，不是一池阳光，是一代词人的愁。

断壁残垣的废墟，哪还会有饭香菜香的自在烟火？国难，让人无处遁逃。天涯海角，也无安好。

◎ 吹箫人去玉楼空

藤床纸帐朝眠起，说不尽，无佳思。沉香烟断玉炉寒，伴我情怀如水。笛里三弄，梅心惊破，多少春情意。

小风疏雨潇潇地，又催下，千行泪。吹箫人去玉楼空，肠断与谁同倚？一枝折得，人间天上，没个人堪寄。

——《孤雁儿》

池阳，一池阳光静静洒在眼前，不冰不灼，温凉可心。倚了身后一围疏红朗绿的院落，岸边坐了，正好打发时光。偶尔院门吱呀响了，那个他，或她，轻轻地走来，停在身侧。一坐一站的两人，看时光漫过。

原本是这样想的，原本是为这样去的。其实，从出发的那一刻就错了。

这里，不是蔓草青青的青州，何况李清照和赵明诚已经不再是那时的他们。尤其是赵明诚，在世事里翻滚惯了，没了那份清心。惹了红尘，再想求一份宁静，很难。李清照倒还想回到从前，可她又和谁赌书泼茶呢，更何况她心底也没了那份清静。再者，他们，的确也不是一对平凡的夫妻。

夏日的池阳，骄阳似火，她和他，各有寂寞，各自坐卧。其实，坐也没坐成，卧也没卧成，帝王的诏书已经快马加鞭而来。刚到池阳的李清照和赵明诚，正一脚院里，一脚院外，就被那声声马嘶惊住了。一回头，那马打着喷嚏已经到了他们的身后。

李清照一惊，一声叹息。

赵明诚一喜，一声欢呼。

江宁一耻，李清照懂了，她的他，不明，也不诚，已腌臜了本色。她选这远远的池阳，原本想抚慰自己的疼，想怡养他的心。也许会恢复从前心性，哪怕只有一点点。

赵明诚不懂，还没等李清照说完那句嘱咐的话，就急急跨上了马。她和他，就这样在赵明诚打马远去的烟尘里结束了。

是的，赵明诚原本以为一切都结束了，只能在这个荒远的地方了却余生。可当那"任职湖州"的调令传到他眼前的时候，瞬间又激爆了他心中的不甘。他太迫切于有这样一个机会来洗刷自己的耻辱，来证明自己那只是在下属鼓动下的一时糊涂。他要挽回自己的颜面，还自己的明诚之心。

可他没想到机会来得这么快，来得让他不顾得思量，就策马狂奔在路上了。

这一天是建炎三年（1129）六月十三日。赵明诚纵马如飞，从弯弯的乡道上直奔宦海的官道，嗒嗒而去。烈日里，是他渐渐融化的身影。

李清照明白他的心，她也想自己的男人关键时刻能挺身而出，却又觉得他走得真的太过匆忙草率。多么急切的心，也要斟酌。

李清照并没有多想，只是觉得丈夫毕竟有过过错，如果多准备一些说辞，或在朝廷面前更主动一些，会有更好的局面。

酝酿一下，会大有不同。

酝酿将成就一杯可心的酒，匆忙会布下一局无绪的棋。苦只能自己喝。多少人后悔了，杯已空；多少人悟透了，却已身在局外，无处可落子。很多的时候，有推有敲，才能落子不悔，得岁月风流。

他，就在李清照些许的不安里，远去了。

池阳，已是李清照一个人的池阳。她一边为男人仕途重见生机而高兴，一边又担忧着风云无常的时局。在这般的意念中，她倚着一包包不曾打开的文物，心事忽东忽西，倍感惶恐和无助。白日里，一恍惚，就是一个噩梦也会将自己惊醒。

远了，他也是她此时的牵挂。人到中年，真正懂了什么是伴。

多少忧，多少怨，多少愁，一路他毕竟是她唯一的陪伴，诸多的不是，都已释然。他在，就心安；他远，心惶然。这次相别，不比从前。如他上任莱州，如他葬母江宁，那时，他也都远去，只剩下她，可那是青州，那是淄州，毕竟是水土熟悉的家乡城郭，一声高喊，一声低呼，都是亲情的味道，都有乡亲的应答。而这次，他硬生生把她抛在毫无乡音可听的池阳，让她怎不生出更多的孤独。

寂寞、牵念，就是这样一个夏天。

嗒嗒嗒……

又一阵马蹄声疾驰到她家的门外，是的，是他来了消息。那该是他已经安顿好了，只待她车马向湖州。李清照好不惊喜，身心欢喜地从邮差手中接过那信札。

信，是从建康城发来的，短促的语句，让人心焦。大意为：

易安贤妻，轻染疟疾，托管好行李，东回建康。

那个暑期烈日下狂奔的他，是真的病倒了。

原本期待他有个好前程，不想竟然传来这样的噩耗，李清照急忙买舟东下，一夜三百里江路，直奔建康。

城，还是那个城，却已经不叫江宁。在赵明诚被免官后的六个月里，宋高宗来到了这里，将城名改作建康。这名，可否有重建康宁的意思？李清照顾不得这些，急急来到赵明诚的床前。眼前的他，已经病入膏肓，骨瘦如柴。李清照顿时泪如雨下。

赵明诚的眼睛一亮，紧紧握住李清照的手，说道："你终于来了。"

那一刻，天懂，地懂；他懂，她懂。这一握，千言万语。那些轻慢了的光阴已经不必说悔，最后的爱，原是最初的心。

历经千山万水，才明白原来是你一直跟随。多想，再陪彼此一起重走那千山万水。如此，才是完美。然而，命运又给了谁太多的完美？也许，这才是红尘，这就是命理。

案几上的烛灯，在风中摇摇晃晃，时有游离。李清照在煎熬中紧紧攥着赵明诚的手。没有谁能挽留时光，就像建康城不能挽住长江滚滚东去的急流一样。她也只能这样，让最后的爱，温暖一天，再温暖一天。

江宁不宁，建康不康。赵明诚与这个长江岸边的古城，似乎是命里相克。八月十八日，赵明诚将一切托付给李清照，"取笔作诗，绝笔而终"。

他的母亲在这城里亡故，不到三年，他也在这里病逝。

那年，李清照四十六岁，赵明诚四十九岁。如此吉祥的年数，却事事不顺，更无久长。一别，便是天上人间。

江宁，是李清照的伤心之城，改作建康，更成断肠。

三毛曾说："男人是泥，女人是水，泥多了，水浊；水多了，泥稀；不多不少，捏成两个泥人——好一对神仙眷侣。只是，这一类，因为难得一见，老天爷总想先收回一个，拿到掌心去看看，看神仙到底是什么样子。"

老天爷收了李清照的赵明诚，收了三毛的荷西，留下一抹又一抹的悲情，在人间日夜呜咽。蹉跎了半生的爱情终于重见光华的时候，却又失去，而且是永远的失去。这一次，再也无处追寻。李清照悲痛欲绝，难以承受。于她，那些山水，那些草木，再不是风景。

她一生，极爱梅，可梅开了又能怎样？再无好词可写，再无好梦可做，只有说不尽的悲苦。可这苦，又能说与谁呢？他已不在，无人对坐。没有心情打理那将燃尽的香。那冷了的玉炉，像极了她凄凉的心境。那《梅花三弄》的曲子，是他喜欢吹的，也是她最爱听的。窗外不知谁忽然吹响，却一下子惊了她的心。那些梅花怕是也被惊到了。

春天就要来了，可这于李清照又能怎样呢？悲愁的她，心情稍稍亮了一亮，想起了陆凯的那首《赠范晔诗》：

折花逢驿使，寄与陇头人。
江南无所有，聊赠一枝春。

相传陆凯与范晔为挚友，梅花盛开之时，两人却不能相聚赏花。陆凯遂折梅一枝，寄于范晔，给春天来得稍迟的北方朋友早早带去一片快乐，一分情怀。

可李清照呢，一无所有的她，是有梅花可折，但身边无他，远处无他，吹箫的人已是阴阳两隔，让她又寄往哪里呢？

孤苦的人，情没人可寄，心也没人可寄。一声情真意切的呼喊，在那个伤她心的城，在那个断她肠的城，悲泣着。

一个北方的才女，在江南，在那乱世的江南，就似那折无可寄的一枝断梅，孤零零，悲戚戚。李清照以词当哭，写下了她的《孤雁儿》。

这词牌，看了就让人心酸，一个儿音，更是女子的音调。长空里，唯一的一只雁，扇着沉重的翅膀，长一声、短一声地唤着。

此时，窗外的天阴得很沉……

◎只有情怀，不似旧家时

> 天上星河转，人间帘幕垂。凉生枕簟泪痕滋。起解罗衣，聊问夜何其？

> 翠贴莲蓬小，金销藕叶稀。旧时天气旧时衣。只有情怀，不似旧家时。

——《南歌子》

春色落寞时节，那些花瓣在地上飘忽来往，但很多的时候，被风吹到路边，吹到坝下，吹到低洼处。风，看似无意，却是有情，将那些零乱的花片拢在一起，让它们相聚成依，相偎成暖。风能做的，也仅限于此。还能苛求些什么呢？

时光，是无情的沙漏。哪怕你那么珍爱，它也会匆匆而去，并且带走它想带走的一切，让多少人站在岁月的岸边，徒唤无奈，欲哭无泪。光阴，才不会容你苛求一点点。

他，去了，走得这样匆忙、突兀。李清照孤立在长江的岸边，目光呆滞，一时不知道身在何方。她忽然感觉自己像遭受了一场冰雹一样，所有的枝叶被打落得干干净净。世间，只剩伤痕累累的她。

八月，这场冷，来得太早。

建康，是让李清照最伤心的城。建炎三年的这个秋天，是最凉的秋天。

她，曾为赵明诚担心过，为他匆忙赴任忧心过。每逢大事有静气，那样才好。没了静气，赵明诚在江宁失了气节；若没静气，如何再赢得湖州的品德？她怕他再出什么差错，误了难得的前程转机。

赵明诚为自己的匆忙，为自己没了静气的迫切，付出了无以复加的沉重代价，前途再无。

湖州，他是无法到达了；建康，他的这座耻辱之城，又成他的绝命之地。

他，负了这城，却用死来谢罪。这，就是命吗？

溯江西去，顺流东下，只一个匆匆的来往，她就永远失去了他。

假如岁月可以重来，哪怕只是这一次可以重来，李清照一定会舍弃一切，陪赵明诚一起到皇帝面前领命。她会一路勒住他的马缰，让他慢些，再慢些。

有时候匆匆忙忙追赶的，未必就是美好。人生，需要太多太多的思量。

随着赵明诚这块唯一可以为她遮挡点什么的门板轰然倒下，她的家也彻底地破碎了。废墟上，剩下她自己。纵然她如菊花，有傲霜之心，可这迎风而折的断枝，又如何打起些许的精神？

流水不言情，落花不说心。

失情失心的李清照，浑浑噩噩。那时，已是深秋，一个人躺在床上，心思浓稠，却无处说。迷迷茫茫地望向窗外，天上星星已经缀满银河，而天地相交的远方，也已帘幕低垂。无心起来，也无心去点炉做饭。那时的她，吃什么也不是可口的滋味，做什么也没有心情。

夜近了，夜更凉。

迷迷糊糊中，她又睡着了。

就这样在床上，睡也不成睡，醒也不是醒。背着门，望着窗。门外庭院，那里已经没人。窗外天际，可否有他的魂影闪过？

恍惚中感觉枕簟好凉，细看，才明白那不是秋凉，而是自己的泪水将那里打湿了。本来是无意哭泣的，但泪水却总是止不住地流。湿了的，还有自己的衣衫，起来想解下衣衫好好睡一觉，自然而然地就问了一句："夜，有几更了？"

她以为他还在，就在这夜里，就在这身侧，他会轻轻地应了，然后伸过手来，为她扯一下被角。

夜里，没有人答应。

她，点亮了灯。那一屋摇晃的灯影，让她恍然明白：他，已不在。

夜何其？夜未央。

黎明再不会敲打她的窗子，快乐再不会叩响她的心扉。

夜里，已经没有了他，只有一屋昏黄的灯影浸透她的秋凉。

惊了梦，再不可能睡，斜依在那里，让思绪游移。

暗暗的光影下，这件旧的罗衣显得更无颜色了。那绣花的莲蓬、已经抽了丝线，小了很多，像没了莲子的空蓬，丑而干瘪。那织锦的藕叶，也脱了颜色，不再发光，霜打了一样。有谁还能看出那曾经耀眼的金色呢？

这衣服，是那年她初嫁的时候，他给她买的。虽不艳丽，但那莲蓬，那藕叶，正应了那时的景，应了她的欢心。她的家乡明水，不就是这莲蓬藕叶的景吗？如此，她也就格外喜欢。后来为了筹集一件宝物的钱，她也咬咬牙舍了这爱，当给了典铺。谁知，待手头稍有宽裕，他就急急忙忙给她赎了回来，因为他知道这是她喜欢的。这衣服，也就更让她爱了，总不时地穿了在他面前招摇一番，炫一下彼此的情。

远远的汴京，最锦绣的年华里，最繁华的时光里，有最灿烂的情怀。那里，她的明诚风华正茂，风流倜傥。那里，她明艳无边，锦衣香腮。两人同戏秋千，相携街市，尽展郎才女貌。青州也好，但还是汴京最明艳。不过，这罗衣她也常常穿了，归来堂赌书泼茶，情意绵绵，宁静里，水乳交融，更是神仙伴侣。

那时，他懂她的心，他是她的爱，多好。秋不凉，不悲，因为有他，有他亲手买的罗衣。

只叹，这时也是那样的秋天，这衣还是那件罗衣，只是物是人非，早没了那时的情怀。只因，没了那个他，没了送罗衣的人。

还记得那句"笑语檀郎，今夜纱厨枕簟凉"吗？那凉，是多少娇羞，多少欢喜。而建康的凉，却是刺穿骨髓的凉，无人可语，更无处可笑，只有哭。

这首词，不见典藏，也不奇绝。看似平淡的语调，却在不惊不哭中写尽了孑然一身、孤寂无依的伤心泪痕。其实细细想来，这词不是不藏，而是藏得更深，一个词牌深深藏了一颗悲苦的心。

《南歌子》又名《断肠声》，李清照此时人在南方，心若断肠，贴贴切切正应了她。人在他乡，又失爱人，她不断肠，谁断肠？

秋凉如水，长夜无眠，李清照抚今思昔，念起青州已远的她和赵明诚，遂蘸着泪水又写就了《偶成》：

十五年前花月底，相从曾赋赏花诗。
今年花月浑相似，安得情怀似昔时。

花前月下，那是别人的浪漫，那已经不是她的诗情。

街上的更漏声，惊醒一些人的好梦。她此时没有了梦，于她，这却只是恼人的敲击，惊碎的，是一颗心。可不管有没有梦，那所有远去的，都再不会回来，只留下断肠人独自断肠。

"彼岸花开开彼岸，断肠草愁愁断肠。"

建康，初到的李清照，那时很不喜欢，因为这里是她漂泊的第一座城，是异乡漂泊的开始；这里，他又在十里秦淮河岸沉迷，惹她郁郁寡欢。不过，虽然他早出晚归，可还有归啊。她和他，终还有乡情可聊，有国事可说。如今，那个可怨、可恼的人没了，她霍然明白，一颗女子的愁心再也无处可寄，怨无可怨，恼无可恼。她轻轻地在心底呼唤着，不求更远，不求更好，回到最初的江宁也好。许了他的浮浪，许了他的放纵，许了他的任性，只要他一个可望的身影也好。她更恨，在他们身后紧紧跟随的那官差，若没那个调令，她和他的池阳，也许真的就有一池阳光的悠闲。那偏远的城，或许就是她和他江南的"青州"。

哪怕那催命的调令再迟一些也好，他应该有许多事要交代，她还有许多话想要说。最重要的是那《金石录》，如何规整那些字句页码，那也是更乱的心事。

"南渡子规犹啼血，北归春风唤不回。"

人，总是一步步向好追求，可命运却常常让我们很是无奈。那些自以为潦潦草草苟且不堪的日子，却在自己的一退再退中，又成了难以渴求的美好。

不能因为回忆，而迷失了今天；不能因为探求，而忽略了当下。于爱，更是如此。不然，错失了的悔，会成为一辈子的忧伤。要明白，谁能在来世里真正等你，又能真正等到谁？那样的相遇，实在太过渺茫。其实，哪怕是山盟海誓的诺言，也不如手手相牵的温暖一握。这才是最真实的爱。

最后的赵明诚懂了，才有了临终前的紧紧相握，才有了那"殊无分香卖履之意"的遗言。

其实，也正是赵明诚将家全部相托的遗嘱，让李清照更痛心于他的离去，也认清了即使恼恼恨恨，那也是最真的爱，最不可失的依靠。

那一脉江水，是穿城的愁。李清照不舍，她就在这里守着，等他的每一个梦。风在窗外，是他的身影；雨在廊前，是他的脚步。

第九卷

留得罗襟前日泪，弹与征鸿

◎ 为谁憔悴损芳姿

庭院深深深几许？云窗雾阁春迟。为谁憔悴损芳姿？夜来清梦好，应是发南枝。

玉瘦檀轻无限恨，南楼羌管休吹。浓香吹尽有谁知？暖风迟日也，别到杏花时。

——《临江仙》

谁说岁月可以带走一切？它带走的总是欢乐，留下痛苦煎熬的众生。

他别了这座城，而她还在，在这个城里等。

赵明诚的离去，让李清照痛不欲生。她，已经没有了未来，只有过往，只有回忆。在深深的庭院里，她直把朝阳看成黄昏，直把初月看到黎明。可是这些，于她都没有什么变化，都是一样的色彩，是那无边的悲伤。云掩门窗，雾锁楼阁，春色都不会沾染这里，这深宅，这深心。

"庭院深深深几许"，这是对自己的遮挡，是对悲伤的遮挡。憔悴得不成样子的李清照，不想听到人们的劝慰，不想看到别人的怜惜。憔悴不为谁，只为那个他，只求他能懂。她遮挡住世间所有人的眼睛，只为天堂的他能看见，让他恨自己怎么忍心那样离去，留下他的爱人独自凄凉。

"为谁憔悴损芳姿"，这是李清照对自顾自离去的那人的怨恨和捶打。可恨一句，又不忍心了，立即又缓和了口气。李清照就这样骂一句，唤一声地思念着。

深陷悲伤的李清照是无梦的。她多想他能给她一个梦，不要多，不要浓情，只要一个轻轻浅浅的就好。梦里，是那向阳梅花的南枝初发。半树新蕾，半树新芽，就这一树小小的安慰就好。只有这懵懂，才是欣喜，才有期待，才能看到希望。

梅渐开，那样，她就将和他踏雪寻梅了。他几句古语，她一首新词，吟风弄月，如此多好。

可这又怎么可能呢？那深锁的庭院，楼寒树瘦人愁，春风不度。梅迟迟不开，他也不会来。南楼上，谁吹起了哀伤幽怨的羌笛？实际上，这城，这家，比那玉门关更荒凉。那戍边的兵士，历百战之苦，虽九死一生，毕竟还有回的希望。哪怕拖着伤痕累累的身躯，也还有日夜等待的那个院落里的春暖花开。

人在，就有春天。再相逢，就是花开。

这些她都没有，只有那似梦非梦的一丝期许，可也被那声声羌笛惊碎了。伤春春更远，怜花花无言。

李清照在那笛声里泪流满面，泣不成语。她只在心中默默祈求，求那笛声能够停下来，好给她自己心中留一丝念想，留一缕春风。

停下来，停下来，可好？那笛声不知惊落了几树花，惊醒了多少人的梦。

吹笛人的南楼，那是早一步向暖的，为何那曲调却如此悲凉？是的，那个乱世，战事频频，灾祸连连，真是难免百城悲泣，万家凄凉。不管是南楼，还是北屋，哪有好歌唱春风啊。

街上，没有了卖花担；担上，也没有了一枝春，更没了那买花的人。

建康，这座六朝古都，据水陆之交，虎踞龙盘，尽得天时地利，这里曾商贾如云、繁华无边，歌馆舞台、娱池乐府比比皆是。然南宋初年，这里却百业萧条，街头巷尾，难民如潮，哀声不绝于耳。

那时江山，那个世道，南南北北，遍野都是这样的音律。

花迟迟不开，他终究没来，难不成会一下子就满园春色吗？那怎么可能，这样的锦绣，也只能是天堂里的相见了。

床边的小几上，他临终之时用过的笔还在。纸，也在，乱乱地散在一边。李清照看到这些，稍稍恢复了一下心智。因为床上躺着的，不是他，而是她自己了。他，是真的走了，再不会回来。她觉得，该用赵明诚写下绝笔的笔，来回应一下了。

赵明诚的绝笔，是嘱托，更是牵挂。她要用这笔，写下思念和送别，送他远行，让他心安。

让他心安，他岂能安呢？赵明诚弥留之际，一定是有和他大哥同样的把灵柩运回家乡的想法。他知道，一次次让李清照将家中的金石资财独自运来运去，已经很对不住她。如果再让李清照穿过那漫漫的战火，将他送回故土安葬，那实在是太难为她了。而且，那异邦的铁蹄蹂躏的地方，还能算是故土吗？那里还能让一个宋朝臣民的魂灵安息吗？

他张了几次口，却终究是没有说。

他没说，她却懂。赵明诚最后那目光里的一丝期许，让她心如刀绞。她也想说，却无处说了，只有将千言万语寄于这支笔。

笔如枯枝，纸若落叶，墨是泪水。李清照从床上挣扎起来，强打精神拿起了那笔。那笔，早已经没有了赵明诚指间的温度，只有那刺心的凉。李清照就用这凉，在那声声羌笛里，写下了《祭赵湖州文》。

这祭文，并不华美，却倾尽了李清照的爱。写罢，她已经难以自抑，笔从颤抖的手中倏然滑落，在地上滚下了一道墨痕，就像她心头不散的阴云，浓又浓。

只可叹这句句哭、字字泪的祭文全章，早已散佚在时光的尘埃里了。也许是李清照本就不想让这份"为谁憔悴"的真情示于众人，于是在赵明诚三日或是周期的祭日里，随着那些纸钱将之一起焚烧了。

给他的爱，就要让他全部带走，世间只留下一无所有的失心人。

一缕青烟袅袅，无数纸蝶零乱，向天堂传递着未亡人的心心念念。那是跨越生死的问候，那是最孤独的灵魂应答。只有至亲至爱的人听得见，听得懂。

纸钱和祭文，无声地燃烧着。如果真是这样，这篇挽词，真就成了散无可寻的烟尘。好在苍天有怜悯，不许这份真爱彻底迷失，想给世间留一个感动。那祭文的纸或许就在风中吹散了小小的一片，留下了最情深意浓的两句：

白日正中，叹庞翁之机捷。
坚城自堕，怜杞妇之悲深。

两句，两个典故；两句，一份大爱。可就这仅仅二十个字，已经足以让人心碎。

"白日正中，叹庞翁之机捷"，是说唐代素有"东土维摩"之称的禅门居士庞蕴，感觉自己世缘将尽，便对女儿灵照说："今天中午，就是我的入灭之时。你在外面看着太阳，若是日至正中，就进来告诉我一声。"说罢，他就地打坐入定。

太阳到了头顶的时候，女儿灵照跑进屋，对打坐的庞蕴说："爹爹，太阳是到了正中，但有日食遮挡，这是个什么天象？您快出去看看吧。"

庞蕴一听，很感奇怪，觉得不应该是这个样子，也就下了蒲团出门来看。可蓝天湛湛，日光灼灼，一丝云缕都没有，哪里有什么日食呢？

他感觉是上了女儿的当，急忙返身回屋。女儿灵照满脸笑意，已经在他打坐的地方，合掌坐化了。

七日后，庞蕴也圆寂了。其子在田间劳作，闻讯后也扶锄立身化去。

"坚城自堕，怜杞妇之悲深"，典出西汉刘向《说苑·善说篇》，文载："昔华舟杞梁战而死，其妻悲之，向城而哭，隅为之崩，城为之阤。"是说春秋战国之时，齐国与莒国交恶，引发了战争。齐国大将杞梁在攻城之战中身亡，其妻得噩耗，悲痛欲绝，于城下大哭，哀痛之声十日不绝，闻者无不落泪，齐国的城墙也轰然倒塌。齐女哀夫之情，感天动地，传遍了世间。其实，这就是孟姜女哭长城的故事本源。李清照在祭文中引用这两个典故，是说她对赵明诚的故去，恨不能有可替之心，遂也有追随之意。其哀伤之情，绝不亚于哭倒齐国城墙的杞梁之妻。

大文豪苏轼曾经在长江岸边写下了那首著名的《念奴娇·赤壁怀古》：

大江东去，浪淘尽，千古风流人物。故垒西边，人道是：三国周郎赤壁。乱石穿空，惊涛拍岸，卷起千堆雪。江山如画，一时多少豪杰。

遥想公瑾当年，小乔初嫁了，雄姿英发。羽扇纶巾，谈笑间樯橹灰飞烟灭。故国神游，多情应笑我，早生华发。人生如梦，一樽还酹江月。

多少英雄豪杰，曾经无限风流、纵横江山，终也不过是灰飞烟灭。人生，不过是梦一场。词冠千古的李清照，对于丈夫的离去，也挽不住，留不下，更别说芸芸众生了。这种悲凉，是无可奈何的哀伤，是无法回避的现实。就算是苏轼江涛一样恢宏的情愫，也不过止于月影一般的叹息。

生离，尚可期；死别，是绝望。

二十八年的相伴之情，就在这长江岸边戛然而止。只留她独自在这世间，孤孤单单地漂泊，凄凄惨惨地老去，无叶无花无果无根。她立于江南，默默北望。

◎ 帘外五更风，吹梦无踪

帘外五更风，吹梦无踪。画楼重上与谁同？记得玉钗斜拨火，宝篆成空。

回首紫金峰，雨润烟浓。一江春浪醉醒中。留得罗襟前日泪，弹与征鸿。

——《浪淘沙》

没有谁愿意漂泊，那些还在路上的脚步，是因为还没找到灵魂归依的门楣。

对于李清照而言，在江南度过的日子着实不是美好的时光。无定的奔走，无尽的惊扰，几乎没有一天真实的宁静。而赵明诚的离去，让她本就疲惫不堪的心，再也无力承受。

这一江之悲，这一城之伤，她终于扛不住了。

她，病倒了。这一病，她就在床榻上昏睡了多日。

那天，迷迷糊糊中一阵凄冷的风吹开了帘窗，把她惊醒了。天将亮，街上那最后的更漏声就像谁踏响楼梯的脚步，让她的神智稍稍清醒些。早晨，给自己一个新的开始吧。她也想重登那画楼，毕竟好久没有登高了。

登高可以望远，登高可以望乡。可那个可以陪她登高的人走了，这世间还有谁，再陪她凭栏望断天涯？

高处有风，高处有寒，虚弱的身体再也经不起风寒。若站在那里，谁还能为她添一件衣裳？

当年多好，曾经多美，可那也不过是已经燃尽了的高香，一段一段的灰烬在风中离散，染了画楼的寂寞，更乱了她的思念。

国破家亡，前路未卜，今后的路更难了，一切都要靠李清照自己。那时有他尚好。赵明诚虽然生性懦弱，胆小无谋，不能为她遮风挡雨，但毕竟不至于让李清照彻底裸露在雨雪之中。他走了，唯一的爱护也没了，让李清照的断根完全随风零乱，如她那无心梳理、随风零乱的长发。那里，有一根根的银丝，那是枯死的乡愁，拔了还生，越来越多。窗外，那山河，在翻腾的迷雾中看不清晰了。是她老了，还是因为景致本就不是原来的样子了？也许那不是云雾，而是狼烟战火。

江水明灭闪烁，好似阴阳变幻，李清照也就一会儿梦，一会儿醒地迷蒙着。

衣襟上，昨天的泪痕还在，今天又湿了一片。有谁能知李清照这忧国念家思夫的心呢？此时，人们都在南逃，只有大雁能北上，这思想也许只有托给那雁阵了。

可捎到哪里，又在何处安放呢？

毕竟北方的门楣早已荒了，更不要说她的归来堂，它坍塌得更早。那里应该野草丛生，无处落脚了。

梦，是一片云，可以寄心，却不能安心。

这世间，没有谁可以靠回忆过日子，靠念想养活自己。

赵明诚走了，无论多么悲伤，李清照还得打理今后的光阴，更何况还有赵明诚的《金石录》要整理完善，还有他生前最爱的金石文物要妥善归置。李清照待病情稍稍好转一点，就拖着病蔫蔫的身体开始忙碌，周全下一步的进退。

李清照再次来到赵明诚的坟前，把一刀刀的纸钱点燃。那片片纸灰似蝴蝶，像有了灵性，翩翩而飞，绕着那亡人的坟，绕过那未亡人的心。

天将黑了，李清照这才起身，一步三回头地离开。她是真不舍得将他撇在这里，因为她刻骨地懂得一个人的孤苦。完成他最后的夙愿，也许才是最好的祭念。她，不得不走了。

李清照走了，从此孤零零。阴阳的相望，厚厚的土隔开了生死两界，成了她南渡的所有路上放不下的惦念。

她逆了江流，再次向西。这一次更是沉默。又遇乌江，李清照却再也提不起慷慨的激情，唯有以泪洗面，且有隐隐的痛在心中泛起。她似乎有些后悔，也许真是那首《夏日绝句》太过决绝，不似杜牧的《题乌江亭》多些屈伸：

> 胜败兵家事不期，包羞忍耻是男儿。
> 江东子弟多才俊，卷土重来未可知。

也许是吧，韩信忍了胯下之辱，终掌疆场帅旗，才有"国士无双""功高无二"的赞誉。越王忍了卧薪尝胆的二十年之苦，方能东山再起，一领山河。然时不同、势不同，一样的原因，却未必是同一个结果。王安石的《乌江亭》有言：

> 百战疲劳壮士哀，中原一败势难回。
> 江东子弟今虽在，肯为君王卷土来？

这一问，又问得多少人哑口无言？

进退之争，胜败之论，都在假想中喋喋不休，没有哪一个是正确的答案。就像昨夜的风吹过，动了谁的诗心，又惹了谁的惆怅？

李清照的那几句诗，或许真的刺激到了赵明诚，才使得他打马疾驰湖州。男人的心，更容不下羞辱，因而他需要新的功绩来为自己雪耻。

与自己较劲，与命运较劲的赵明诚，就这样一去不复返。

李清照想到这些，有些难过。于私，她有些愧疚于他，但于义于理，她无愧于任何人，更无愧于国。天理大道，其心昭昭，日月可鉴。

其实李清照那诗是大骂天下的怒吼，但赵明诚也许把它当成了小恨于他的怨言。赵明诚，真不如李清照心胸更博大、更宽广。

江流向东，李清照却逆流向西。这也隐隐彰显了她不屈于时、于命的心性。

到了池阳，还好，一切都在。那些书籍、古玩、碑帖，一切都在。李清照稍稍喘了一口气，但她不敢懈怠，这里虽然暂时安稳，但毕竟无兵将守护，不是久留之地，若稍有风吹草动，怕也将是一场大的灾祸。她一边收拾着行李，一边思谋着退路。

经过再三斟酌，李清照想到了洪州，因为赵明诚的妹夫正是那里的兵部侍郎；再者，那里是太后所在的大后方，完全可以偏安一时。于是，她派了几个干练相熟的人，将池阳的大部物品运往了洪州。此时的李清照，"时犹有书二万卷，金石刻二千卷，器皿、茵褥，可待百客，他长物称是"。如此家产，表明她还是很富有的。

然而，让她完全没有想到的是，金兵却朝这个大后方来了狠狠的一击，洪州顷刻沦陷。她的几车财物，瞬间就在势如雷鸣的喊杀声中被席卷而光。

李清照闻听消息，痛不欲生，本就病弱的身体，几乎难以支撑。下人苦苦相劝，她才稍感安慰。想想，若是随物品一起到了洪州，只怕是性命也难保。思量日久，她决定去寻找自己的弟弟。亲人们在一块，即使不能有太多的帮扶，但可以给心灵一个安慰。

李清照又出发了，带着所剩无几的文物，开始了命运的大转场。

然而到达台州时，她却听到了一个让她震惊无比的消息。当时疯传的"玉壶颁金"案，竟说赵明诚为了讨好金人，派人将家中价值连城的玉壶献了出去。此乃欺国通敌之罪。

赵明诚尸骨未寒，竟遭受如此大辱，若被坐成实罪，李清照怕也将大受牵连。悲愤交加的她，辗转反侧，彻夜难眠。想想自己和丈夫，一辈子节衣缩食，只为金石之爱，然劳心劳神积攒下来的这些古物，先在青州毁去十几屋，再在洪州散失大部，其他丢失盗掠难以计数，一路颠簸而来，几乎损失殆尽。若是再受累于此谣言，这最后的一点东西怕是也保不住了。与其这样被动受制，不如积极努力争取开脱。于是，她决定将剩余的文玩之物，全部献给宋朝皇帝，以表自己的忠心，更是为证丈夫赵明诚的清白。

李清照打起精神，开始了追随皇帝脚步的曲折之旅。可一个皇帝逃跑的脚步，又怎是一个半百妇人能追赶得上的？

她太累了，多想坐下来喘口气，可又怕皇帝在哪个空闲里，忽然就颁发一道圣旨，定了丈夫通敌的罪……那样，一切就无可挽回。再者，金人的追兵就在身后，那呜呀的喊声隐隐可闻，若她真有懈怠，只怕自己和财物就会落入他们手中。真到了那般田地，该是恶人的诬陷之词又将加重通敌的罪行。

李清照夹在逃跑的皇帝和追击的金兵中间，深一脚浅一脚地逃离着，那种生死两茫茫的悲凉心情难以言表。绝望到极点的时候，她都后悔自己离开了建康，甚至羡慕死去的赵明诚，也许那样一了百了，再不受这世事蹂躏更好。然而系在身后的包袱告诉她，丈夫最大的心愿未了，她没有理由放弃。想到这里，她又将那包袱紧了一紧，那里是《金石录》还没有装订成册的文稿。

这是她积极向前的最大勇气和力量。

宋高宗虽然没有复国的大担当，但毕竟是皇帝，像暗夜里的昏灯，是人们无可选择的光亮。那凄风苦雨的时代，人们也只能拿一只萤火虫当作太阳来追逐。若真是江山无主，怕是更悲惨的生灵涂炭。

李清照向南，向南，其实是一步步向难……

◎ 正伤心，却是旧时相识

寻寻觅觅，冷冷清清，凄凄惨惨戚戚。乍暖还寒时候，最难将息。三杯两盏淡酒，怎敌他、晚来风急？雁过也，正伤心，却是旧时相识。

满地黄花堆积，憔悴损，如今有谁堪摘？守着窗儿，独自怎生得黑？梧桐更兼细雨，到黄昏、点点滴滴。这次第，怎一个愁字了得！

——《声声慢》

没有无缘无故的欢乐，也没有无缘无故的哀伤。欢乐，是花开一时的旖旎，如风掠过，就会止息；而哀伤，是一点点的憔悴，是片片的凋零，是慢慢的破碎，是心头再也无法复原的疤痕，也许还会在又一个深深的夜里，慢慢渗出殷红的血。

最让人揪心的是李清照的这阕《声声慢》。开篇十四个字的层层叠叠，若泪滴点点，若抽泣声声，哪怕是晴日里听了，也会不知不觉湿了眼眶。

这样极致的悲切，定然是来自极致的苦心。

这一年，李清照来到了绍兴。那年，是宋高宗绍兴元年（1131）。

其实更早的一年，这里还叫越州。夹着尾巴四处逃窜的赵构来到这里，当时追兵渐远，他心情不错。于是，他心头泛起了文艺的酸味，再者，也想给自己蓬头垢面的模样找回点颜面，提振一下群臣的士气，于是就取"绍奕世之宏休，兴百年之丕绪"之意，改越州为绍兴，并改年号为绍兴。

建炎四年（1130年），虽然有刘豫割据河南、在淮北建立伪齐政权，江北那边广袤的中原大地，已被糟蹋得疮痍满目，可那狼烟滚滚中还真有一抹亮色。时年，名将岳飞大败金兵于牛头山，并且收复了建康城。也许正是因了这扼江锁陆的要塞重回南宋，才让赵构有了这中兴之说的信心吧。

来到绍兴的李清照，心情也明亮了一下。

当她在路上听到建康沦陷的消息时，她着实难过到了极点。本身将赵明诚的孤坟舍在那里就让她很是不安，这样一来，在金人的霸占下，丈夫的魂灵哪还能安宁？她几度生出想要折返回去的念头。

还好，建康很快光复了。那天，李清照出门去打探皇帝行程的消息。当她再回到租住的钟家老屋时，她发现后墙上被挖开了一个大洞，藏在床下的七簏书画墨砚，竟有五簏被盗了去。

这几乎是她最后的一点珍物了。李清照顿时几近昏厥，许久才缓过神来，急忙传言以重金收赎失物。两天后，她的这位钟姓房东抱回十八轴书画，说是代人求赏，却不肯吐露半点那人的姓名。如此，真是让人生出许多悲愤来。李清照只好继续高价回收失物，但再无所得。

李清照的宝物所剩无几，再也没有献给皇帝的价值，也就无力证实自己和丈夫的忠心。这般历尽劫难的千里追寻，顿时变得毫无意义。

李清照悲恨攻心，又病倒了。好在弟弟李远在，将重病的姐姐安排到了安稳的临安。皇帝赵构，已经退到了那里。

临安，可保李清照的临时安稳吗？

李清照经过两年的漂泊，终于有了个安稳的住所，但伤痕累累的身心却一时很难恢复健康。临安景色宜人，处处鸟语花香，一日就勾了病床上的李清照的诗兴。她望着窗外吟道：

春残何事苦思乡，病里梳头恨发长。

梁燕语多终日在，蔷薇风细一帘香。

春残本有苦思，病里也还有恨，但终日的燕语啁啾也就淡了忧愁，一帘的芳香也就散了悲情。

人，不能总是抚摸着伤疤哭泣，那样伤疤永远不会好。向黎明而行，阳光自会满怀。

临安的李清照，慢慢有了明艳的精神。

来了一个人，带着满脸的笑意。他说他是一位故人，一直仰慕李清照的才华，是捧着一颗心来的。

李清照对于巧言令色之徒，都是非常厌恶的。然而出于礼貌，她不得不拖着重病的身子坐下来，并命仆人泡上了茶。

那人真算是一位故人，他是张汝舟。李清照在心里暗暗发笑，这不是那个强买别人古玩的张汝舟吗？这不是说她抛头露面参加诗会是失品失德的张汝舟吗？

张汝舟从李清照轻蔑的眼神里看出了几分厌恶，可他毕竟已不是当年那个纨绔少年，他在官场上摸爬滚打，早已磨砺得世事练达。张汝舟把尴尬深深地掩在心中，依然不动声色地大献殷勤。

李清照原本是想安安静静地了度余生，因为种种不幸的遭遇，加之岁月的摧残，她早已朱颜不在，镜中再也不是那个带着梅花妆的秀丽女子。四十九岁的她，白发半头，皱纹满脸，哪还有半点芳动京城的诗词佳人的影子。

张汝舟一次次地造访，再加上弟弟李远不住地在一旁劝说，李清照也渐渐改变了对他的看法，把他当年的那些不善之举，也就归于了少年轻狂。世事沧桑，就算是一个顽劣之徒，未必不能变成仁心厚德之人。

　　那天，当张汝舟表露出愿结同心的意思的时候，李清照便有了心思的松动。她太需要一个可以靠一靠的人了。

　　在乱世，太难了，更难的是一个孤苦无依的女人。

　　终于，在张汝舟的半哄半骗中，重病中的李清照和她那些心爱的文玩古物，被轿子一并抬进了张府。没想到短短几天，这个曾经彬彬有礼的男人，就露出了本真的恶性，不仅骗取李清照的银两，还要将那些文物霸为他的私存；对李清照时常谩骂不必说，更甚者老拳相加。

　　临安，果然是只临时安稳了些许日子。

　　世人眼中女神一样的李清照，竟然遭受了这样的蹉跎。此场景，让人不忍细想。

　　再美的花朵，也有凋零之时，而凋零中都有这样那样的残缺。完美，只是人们美好的意愿和臆想。

　　姑且留下一些美好的想象，给善良多些留白，不去想李清照在张汝舟的折磨中痛不欲生的样子和那绝望的眼神。

　　建康，是丈夫赵明诚的耻辱之城，也是他的丧命之地。临安，于李清照便是耻辱之城了，是她一生最不堪的耻辱。李清照在绝望中常常想，这里，难不成也将是她不久就要丧命的地方吗？

　　弟弟李远复了官，似乎忙碌了很多，不似以前那样常常见到。那天，他终于来了，恰好张汝舟不在。张汝舟该是又去那花街柳巷寻欢去了吧。李清照犹豫了好久，还是向弟弟说出了心底的苦。

　　一个女子，一个再嫁的女人，如果和男人有些争执也是很正常的吧。李远不住地劝慰着姐姐，让她忍忍，再忍忍。

　　至近的弟弟，唯一的亲人，都不能理解她的苦，那她还能和谁诉说，去哪里诉说呢？

　　看着弟弟走出院门渐渐模糊的身影，李清照悲伤得难以言表，呜咽得不成语调，提笔写下了《声声慢》。

　　声声慢，是江南恼人的雨，绵绵不尽，是泪水对泪水一次次的浸泡，是夜里绝望的哭泣。

◎日高烟敛，更看今日晴未

萧条庭院，又斜风细雨，重门须闭。宠柳娇花寒食近，种种恼人天气。险韵诗成，扶头酒醒，别是闲滋味。征鸿过尽，万千心事难寄。

楼上几日春寒，帘垂四面，玉阑干慵倚。被冷香消新梦觉，不许愁人不起。清露晨流，新桐初引，多少游春意。日高烟敛，更看今日晴未？

——《念奴娇》

难怪人们对于残花、落叶的感叹，多是伤情。人生在最落魄、最老迈的日子里是最艰难的，因为已经无力挣扎，也无奈于时势。再不似青春正好，可以用各种方式向世界宣言。

李清照也老了。她本想在黄昏里泡一杯茶，慢慢地，和暮色一起隐去。那茶里，或多或少泡着青州归来堂的一些期许、一些忆念。她并没有苛求什么。随着那文玩古物的一一散失，她只要一种宁静，甚至是莱州那一桌一椅般的寂寞。

然而，岁月却不肯给她这种寂寞，惹来如此多恼人的事。临安不是偏远的莱州，这里有太多的喧嚣和功利。那个在喧嚣中追名逐利的张汝舟，在得知李清照的宝物所剩无几，而且也难以得到的时候，露出了狰狞的面目，将李清照一切美好的愿景，撕扯得血迹斑斑。

那一百天不是李清照一生中最艰难的日子，却是她最黑暗最不堪的日子。她终于无法承受张汝舟的"遂肆侵凌，日加殴击"，将这个小人告上了朝廷。

再嫁又离，她将自己逼进了是非的旋涡。

在宋朝，纳妾蓄伎的男子，却是容不下女子有半点抗争的。哪怕是如海的苦难，女子只能默默承受那种没顶的淹没。想那泱泱古史，女子心性多是难得伸张的，也只是到了近代，才有了她们如花般张开的自在。

李清照毕竟是一个有男儿气血的女子，不肯用品节的绳索将自己捆绑得伤痕累累，不肯用道德的法度让自己窒息，终于冒着"万世之讥"的恶誉，挺身而出。

那些纠葛的细节，不知比乱麻乱上几重；那些街巷的丑言，不知比寒风寒上几重。岁月让李清照失去了家园，失去了丈夫，失去了寄于身心的古物。她，不能失去最后的一点自我。她一忍再忍，再无可忍；一退再退，再无可退。断崖边上，她已经半悬在空中，不得不发出声嘶力竭的呼喊。

好在亲人们拉住了她那无助地伸向天际的手，帮她逃出了地狱般的张府。然而在那个时代，女子即使赢了告丈夫的官司，也同样躲不过牢狱之灾。李清照刚离龙潭，又入虎口。

囹圄之中，铁窗冷月，高墙如冰。曾经芳菲汴京，自在青州，即便是一路漂泊，李清照设想过种种凄凉的景象，可她何曾想到过这样的结局？

好在，这不是结局。

亲朋好友四处奔走游说，终于将李清照搭救出了监狱。虽然只是短短九天的监狱生活，但已足够让她生死不忘。

那天，临安的天气并不晴朗，只有云隙间露出一缕阳光淡淡地铺在街面上。这，已经足够了。

世间，唯有自由是最大的财富，是温暖可亲的幸福。

李清照看着迎上来的弟弟，再也抑制不住百感交集的泪水，伏在他的肩头，低声长哭。

一个五十岁的老妇，如果不是委屈到了极点，又怎会痛哭于长街？

泪水模糊了李清照的视线，也模糊了那段光阴，让世人回望那段临安城旧事的时候，总是难以看得清晰。也许吧，尽管李清照才满天下，贵为婉约词派的宗主，可在男权的世界，她也不过是袅袅的一抹烟尘，无人肯将她实实在在的身影画进历史的绘本。好在我们能在她和别人散乱的泪痕中，依稀看出这些旧事的枝末。

在李清照告发张汝州的事件里，她身旁的亲朋好友多有提及，但有一个人却自始至终都没有出现过。她，就是李清照的表妹。可能有人会说，同为女子，她的表妹也许实在帮不了表姐什么。要知道，她这个表妹不是一般的平民女子，而是秦桧的妻子。

临安那时，秦桧正在高位。作为他妻子的清照表妹，若是能美言几句，怕是李清照受的苦会更少一些吧？

或许道不同不相为谋，或许有其他的世事隔膜，李清照似乎没有求助于这位表妹，她这位表妹也没主动出手相帮。

不说世事黑白，只说人心向背。苦难中，亲人的温暖是多少人求生的和风春雨啊。

然而，她和她，在最近的距离里，却没有丝毫的交集，似乎透露着值得玩味的思索。据史料记载，李清照夫妇闲居青州的时候，她的表妹王氏，正随秦桧住在诸城。两城相距不远，这对姑表姐妹，不仅没有日常的走动，竟然连一封家信也没有传递过。

她们，也许真的是心性相左，三观不同吧？

当细细审视历史远方这两个女子的背影时，我们就会发现，一个善于文艺，清影若梅；一个工于心计，阴如冷风。如此，我们也就明白了她们为什么不能并蒂而美，却是漠然相背了。

狂风骤雨过后，李清照的门庭外凌乱不堪。

"猥以桑榆之晚景，配兹驵侩之下才。"

"赵死后，再嫁某氏，诉而离之，晚节流荡无归。"

"不终晚节，流落以死，天独厚其才而啬其遇，惜哉。"

闲言碎语滚滚滔滔，几乎没有人斥骂骗婚的张汝舟，却枉顾良心地指向李清照，指向那个晚景凄惨的病弱女子。

李清照再有男人的气节，也终究是女子的心性，那些她能承担的，不能承担的，都一股脑儿地来了。

临安，易安难安。

李清照和张汝舟的这段情感撕扯，让她耗尽了最后一点力气。默默地，选一处偏荒的老宅，在不城不乡的夹缝里，安静地看那归雁远去，看那残云洗天。这时节，天是冷了，也不知道什么时候窗外就飘起了雪花，却不似北方那样大朵大朵地飘，淡淡的，像粉尘，迷蒙了那竹、那梅、那远的茅屋、那近的楼阁。

这时节，竹是有的，梅也应该有，她却不说不提，因为她的世界就是这一片迷茫的冷寂，没有了那花影。

偶然间，家乡也是要想的，只是再不是曾经的激动和忧伤，倏然就化了，那润在心头的湿，也刹那就干了。

似乎是有些冷了，原来是炉内该添柴了。李清照也不叫谁，自己从屋的一角抱几根干柴过来，投在那炉膛内。火立时就旺了许多，映亮了那屋，映亮了她的脸，映亮了她的手。那脸，已经没有了诗人的气血，那手也不复握笔的柔软，几乎和那些干柴一样粗糙。

李清照静静地拨弄着那些干柴，忽然，她的手一抖，一根长刺深深地扎在了那里。将那木刺拔出来的时候，涌出一点血滴。她，轻轻地吮了一口。

自己心底的血，还要归于自己的心底。她，懂得。

她又重新坐了下来，那把旧椅子和她都晃了一晃，她头上那钗也闪了几下亮光。这，她自己没有看到，因为她好久没有照过镜子了，一早一晚，也不过是一盆清水洗一洗脸。也不知道为什么，那清水的洗濯，总会让她泛起些许的快意，让心清爽一些。

那该是童年时百脉泉水在她心念里留下的一抹亮色。也许正是这亮色，让她四十九年的悲欢离愁，都归于了这水的淡然。

临安，李清照那堪比寂寞莱州的房间里，几乎没有了笔墨书画的芳香。她，已彻底沦落成了一个市井老妇，用旧的衣紧紧包裹住旧的心事，踽踽独行在早晨抑或傍晚的街巷，买一把菜，捎半袋米，偶尔在路口坐下来，理一下乱乱的头发，喘一口气。

就这样，天就黑了。倚了炉火，在那更漏声里，打一个小盹，再打一个小盹，天又亮了。其实炉火早已灭了，但她这次却没有感觉到凉。窗子被风吹开了，那里，一片鲜亮。哦，原来已经是春天了。

春天来了，可李清照早已不是踏青的词人，她的日常里，也早已没了平仄，没了音律。她站起来，走到窗前，将那窗扇关了，又用力带了两下。的确，她无心看花，也不能看花。花里都是些往事，都是些美好。再说，那风虽暖，但间或还是带着些寒意的。她再也不想让那些伤痛的记忆惊扰了自己。

她就是她的世界，守着那炉火的暖，守着那炉火的冷。她将那花一样的诗词，伴着那纸张，点燃每日的炉火。

她紧闭的窗子，深深锁住了她最后的一点余光，让世人无处寻找她那时的影子。长街和短巷都不见，高楼与草堂也不见。

临安，原来是慢慢靠近这样的安然。风停雨歇，今日放晴，可好？

第十卷

风休住，蓬舟吹取三山去

◎ 梦远不成归

夜来沉醉卸妆迟，梅蕊插残枝。酒醒熏破春睡，梦远不成归。
人悄悄，月依依，翠帘垂。更接残蕊，更捻余香，更得些时。

——《诉衷情》

李清照一生爱梅，也以梅为鉴，铸风骨形神，展风韵情怀。但这
似乎注定了她傲雪而在，颇多苦寒。一路奔波，渐行渐远渐寂寞。

李清照曾到过孤山。孤山有梅，那梅，是林逋的梅，是林逋为隐
而栽种的。李清照到临安的时候，林逋离开世间正好一百年。那片孤
山的梅林已经很是古幽，再加上正是乱世，林子里几乎没有人走动。

不追秋风，不慕春雨，梅是孤独的，林逋也是孤独的。

李清照也求隐，求在西湖岸边柳林掩映的那条小巷里，左看朝露，
右看晚霞，享平常烟火。

林逋隐于梅林，看似释然，却是为爱而隐，一枚玉簪是刺在他心
底的痛。这，李清照不是不知道，但她依然以一个隐字待在临安。

他和她，都是伤到了极点，就似那绷到尽处的心弦断了，陡然就
松弛成了毫无筋骨的藤草。

林逋隐于山林，李清照隐于市郊。

他和她，是因为不同的伤，才有不同的心理期盼。

林逋，伤于爱，于是他选择了孤山。

李清照伤于路途漂泊，所以她就选择了市井街衢。她不是真的隐，
而是幽居，静静的，疗自己的伤，忘自己的情，淡自己的心。

可爱了大半生，怎能说忘就忘，说放下就能放下呢？那林逋不是
连一枚小小的玉簪也放不下吗？

孤山的孤冷，梅林的幽寒，让李清照哭了，可她不知道是为林逋哭，还是为自己哭。她坐在窗前，呆呆地想着那些旧事。往事那么多，可没有一件想得明白，没有一件能理出个头绪。

自己真的就老得这么不堪了吗？连怀念都不能到达家乡，不能到达青州，不能到达汴京。甚至那并不算远的建康，和他一起过的建康，他的孤独自在的建康，都不能到达。李清照抹了一把泪眼，又端起了酒杯。

酒，曾经是她的快乐，是她的诗词，她却好久没有喝了。若不是孤山的梅惹了她心底的愁，她原本是不会动酒的。不过，酒也没喝小小的几杯，她就有些醉了。

愁肠，是招惹不了酒的，一杯，就是一片苦海。

李清照是到孤山求解脱去的，不想却更泛起了万千滋味。她念着，叹着，不知不觉已经月上柳梢。就是这宁静的夜色，依然无法让她平复心中的愁绪。孤山采来的几朵梅花，她反复地揉搓着。其实她揉搓的不是那花，而是自己，是自己的心。

李清照揉搓着那梅，轻一下，重一下，但实在不舍得十分用力，因为那毕竟是自己的梦啊。她将那残梅捧在胸前，花已残，香还在。那余香，让李清照再次流下泪来。

李清照九天牢狱之灾后一段沉寂，在孤山的梅香里，心事又徘徊。她，不知道该何去何从。是彻底了断心事，还是再续词心？

她原本想把一切都放下，守着自己的炉火，晨昏不语。

五十岁的李清照，是西湖岸边一张无色无香泛黄的纸，憔悴，寥落。

李清照来到这里，不知是否想起了苏轼，想起了那首《定风波》呢？

莫听穿林打叶声，何妨吟啸且徐行。竹杖芒鞋轻胜马，谁怕？一蓑烟雨任平生。

料峭春风吹酒醒，微冷，山头斜照却相迎。回首向来萧瑟处，归去，也无风雨也无晴。

这词，涤荡了多少人胸中的云烟，从而使人坦然面对世事万千。

李清照在这么大的悲苦面前，都不曾倒下，看来她也从这词中得到了些许精神。但她毕竟是一个女子，实在学不了那么彻底的洒脱，所以她的临安，半含淡然，半含悲苦。

绍兴四年（1134）七月，一个人叩响了李清照家的院门。

李清照很惊讶，因为很久没人来她家了，只有她的弟弟李迒偶尔来坐坐。但她知道这不是李迒，因为她从敲门声里就听出来了，那是一种怯怯的、探问的敲击声。

来人是一位故人，是赵明诚的姨家表哥谢克家的儿子。他说父亲身体欠佳，想见李清照一面。

这一面，李清照一定是要去见的，因为在她告发张汝舟的案件中，谢克家是出了力的，尤其是谢克家的儿女亲家綦崇礼，更是这场官司胜出的关键，正是他的相助，才将张汝舟罢官流放，并迅速救出了李清照。李清照为感谢綦崇礼的搭救，曾为此写下了著名的《投翰林学士綦崇礼启》。

时年，綦崇礼任兵部侍郎，为朝廷出谋划策，并代皇帝起草诏书，深得赵构依赖和欣赏。他和谢克家为儿女亲家，都是赵明诚的表亲：一个是姨家表哥，一个是姑家表弟。

李清照来到谢府的时候，谢克家已经卧床不起，在儿子的帮扶下，他支起了身子，问李清照手中的《谢赐御书诗表》可否还在。

一句话，直问得李清照好不伤心。这画，是赵明诚生前的最爱，她一直在身边珍藏。只是到了绍兴，这画连并最宝贵的大部分画卷文物被窃贼凿壁偷了去。

如果不是谢克家问起《谢赐御书诗表》，李清照真不想再说起绍兴。想到绍兴，她就想起那个偷了东西又假惺惺回来讨赏钱的恶邻钟复皓。

谢克家听说那画卷丢失了，不觉叹道："果不出我所料。"

原来，在更早的时候，有一个和尚来求他在这书卷上题跋，说是受人所托，但决不肯透露那人的姓名。这书卷谢克家看着眼熟，想着应是赵明诚被盗失的旧物，遂在上面写道："姨弟赵德甫，昔年屡以相示。今下世未几，已不能保有之，览之凄然。汝南谢克家。癸丑九月十一日，临安法慧寺。"

据说蔡襄的这幅书法精品，是五张纸拼接的大卷本，在当时就是轰动一时的名品。一代书法大家米芾在四十年后见到它，激动不已，立即情怀满满地作了题跋。只可叹，这书卷后来流落到了日本，另有卷本在台北，多被人认为伪作。

试想，若真能目睹这本真书卷，是否能看出些赵明诚和李清照曾经的过往，看出些谢克家的叹息？是否能看出那钟姓恶贼肮脏的爪影，看出作为一个法慧寺的和尚，却在这样的污秽事件里有着不干净的佛心？

和谢克家的相见，让李清照很为震动。她没想到一个病入膏肓之人，竟然还牵念着赵明诚。回到家，她再也控制不住自己，从床下拖出《金石录》手稿，扑地而哭。

她，太需要这一哭了。沉默了一年，这一哭，她心中的郁积喷薄而出。

谢克家和李清照相见后不久就去世了。这更加刺激了李清照，让她意识到自己不能再这样迷茫了，不能这样了无生息地生活，因为赵明诚的遗愿还没有完成。她不能辜负他，她若辜负，就是辜负了一辈子。

人生，没有多少时光可以任你消沉，不然，你所有的心愿，都将未了。

李清照擦净桌椅，摊开了书卷，然后推开了窗子。这时，虽然不是春天，院子里芭蕉、湘妃竹、芙蓉树也不是盛时，但她觉得，一切的景致都有了别样的生机。

她太久没有认真看一眼这些草木了。

草木，是世间灵性的生活偈语，你若心生春风，它自会蓬勃入怀；你若多有怨尤，它必是惆怅悲哀。

绍兴四年（1134）初秋，李清照的小屋里，又一次飘出了淡淡的墨香。深深的夜里，她的炉火旺着，她的灯光也亮着，她日日夜夜地编校着《金石录》。

五十一岁，李清照倾尽她一生的深情，写完了后人盛赞的经典文字——《〈金石录〉后序》。

◎ 长记海棠开后

风定落花深，帘外拥红堆雪。长记海棠开后，正伤春时节。

酒阑歌罢玉樽空，青缸暗明灭。魂梦不堪幽怨，更一声鹈鴂。

——《好事近》

历经了风雨，才知道谁才是真正的唯一；了却了心愿，才懂了什么是放下。

《金石录》编纂、校订完成后，李清照抚摸着这厚厚的卷本，双眼又湿润了，不觉在心底轻轻地唤道："明诚。"

她知道无人应答，因为建康太远，天堂太远，但她相信他一定能够听到。如此，是赵明诚夙愿的圆满，也是他们两个人的圆满。

右《金石录》三十卷者何？赵侯德父所著书也。取上自三代，下迄五季，钟、鼎、甗、鬲、盘、匜、尊、敦之款识，丰碑、大碣，显人、晦士之事迹，凡见于金石刻者二千卷，皆是正讹谬，去取褒贬，上足以合圣人之道，下足以订史氏之失者皆载之，可谓多矣。

《金石录》的成书，对中国金石学研究具有继往开来的重要意义，历经千年，依然深有价值。其刻本曾一度散佚，只有十卷残本流于世间。好在新中国成立初，有心人终于找到了三十卷全本，并随即捐献给了国家。现在，这个宋刻全本存藏于国家图书馆。

《金石录》完成了，李清照的心事已了，她走出那深深的小巷，第一次真正走上了临安街头。

临安，这座北宋时期的杭州城，曾经是江南人口最多的城市，但此时繁华已不见，处处都是流离失所的难民。李清照不觉想起了当年的建康，心里又一阵莫名的疼痛。这时的临安，真的不适宜散心，她决定再回到自己的院落，因为那里才是她的清平世界。

有时候，岁月就是有这么多的机缘巧合，不前不后，不左不右，正好遇见。

就在李清照一转身的时候，她的衣服被一个妇人手中的提篮挂住了。那人连说："夫人，对不起，对不起。"

李清照也急忙客气地应道："没事的。"

话一出口，两个人一下子愣住了。这是多么熟悉的声音啊，一样的北方腔调，一样的济南味道。恍然间，这声音让彼此感觉这不是临安，不是遥远的江南。

这也是一位故人，她竟然是李清照三十年没有见过的丫鬟。两个家破人亡的苦命人再一次走到了一起。

两两相依，生出了许多北方的温暖，也勾起了许多回忆。那个昨夜贪酒的小姐，早晨赖床不起；勤快的小丫鬟已忙活多时了，来叫小姐吃饭。小姐也不正经应答，却偏问那窗外的海棠肥瘦如何。

如今，青春的小姐、玲珑调皮的丫鬟，都已是华发满头。她们数着彼此深深的皱纹，说着许多旧事。在又哭又笑中，她们成了比当年更贴心的姐妹。

心事，终于有了可以诉说的人。

风停了，那些因风而舞的落花，刹那间安静下来，厚厚地铺落在地上。这里，一堆嫣红；那里，一堆雪白，似香冢，却不知埋了谁的伤，也不知埋了谁的愁。

在泛黄的记忆里，唯有这些伤感还是那么鲜艳，还是那么疼。心底的风，不时地卷起再抛下。一地零乱的花朵，凄清、伤感、落寞、无助……

又是好长时间没喝酒了，李清照去拿酒，才知道酒早没了。丫鬟取了酒壶，说她知道哪里有酒。她在一户人家当用人，常帮主家去买酒。那家人，也是北方人。

老丫鬟很快回来了。满满的一壶，果然是好酒。

那酒，是北方的酒。那时候，金兵南侵，北宋的民众也随皇帝逃命到了南方。这些人里，有卖酒的，有喝酒的。待到了一个稍安稳的地方，卖酒的卖酒，喝酒的喝酒。酒让他们想家，酒让他们忘家，一壶酒，是一个山高路远的念想。

常有男人，在那街巷的拐角里，在那半塌的破庙里，抱了那酒壶哭，抱了那酒壶睡。有的醒来再去买一壶酒，找个地方安个家；有的却再也没有醒来，他身边的破口袋上，一些字迹已经模糊不清，没有谁能沿着这依稀的笔画，再找到他的家乡。

南宋的南方，散落着多少北宋的北方人聚集的村庄；南宋的南方，埋了多少北宋的北方人的灵魂。

李清照和丫鬟，各倒了满满一杯酒。端起，干了；再各倒一杯，再端起，再干了……

多喝点吧，这是家乡的味道，这是久别的亲情，一醉解千愁。再轻轻地哼几声家乡的小曲，哪怕不成曲调，也是那么入耳，那么入心，和这酒，一样暖。家，却又在这酒里，慢慢化成全身的痛。

夜很深了，酒壶也空了，在桌上倒着，似是醉了。青灯灯火闪烁，也像是有倦意了。四周万籁俱寂。

这时刻，尘世间，她却醒着，想她的北方，回望着黄河岸边的都城，回望着百脉泉边的村庄。那海棠再无处问肥瘦，那藕池再无船惊鸥鹭。那位大相国寺里卖古玩的大爷，也不知道流落到了何方。还有那青州的姐妹呢，那年兵荒马乱中，没来得及多说句话就离开了。总以为很快就能相见，却不想这一远再远，再没有了彼此的消息。

那水已断，那路已荒。无处可买舟，无处乘车马。远方和更远的人，望着一样的天涯。

生命中的诸多美好，却成了最痛的寂寞，最深的孤独。

回忆，很美很美，却是心中拔不掉的刺，是永远回不了家的路。一入梦，是宽宽的坦途；一醒来，就是陡峭的断崖。

灯影摇摇晃晃，时光明明灭灭。活着的人，在明处挣扎；死了的人，是灭处的灰烬。世道可是轮回，世道可有轮回？若如此，美好却为何总是那么匆匆，苦难却是这样漫长得毫无涯际？

这一切，真是让人无法承受，想想也无人可以担当。这愁，足可以令人断肠了，哪知道一声鹧鸪，更让人心碎了。

这是李清照的夜，是无梦的夜，只把灯光熬成黎明。

不知过了多久，丫鬟醒来，见李清照伏在床案睡着了，她悄悄地拨旺了炉火。

一缕香味惊醒了李清照。那味道太亲切，那是好多年没有闻到的味道。其实，李清照并没有睡着，只是在半睡半醒间，这香味让她彻底地醒来。那是家乡的香味，是老丫鬟做的几个家乡菜。这让李清照一下子打起了精神，昨夜的愁苦转瞬间消散了。

这是许多年来，最可口可心的一顿餐食。

临安城是不能再逛了，那里有太多的伤悲。李清照和丫鬟商定，去好好看一下西湖。这水，她也没有好好地看过。本来是应该早早就去的，那里，毕竟有她前辈的苏堤和苏堤上密密的杨柳。柳树，是南方少见而北方大量栽种的树木。柳树，是可以抒情的，也是可以寄情的。不是有那陆游的诗句"柳暗花明又一村"吗？也许往那柳荫里一走，日子就会好起来，国运就会好起来。

丫鬟也重重地点了点头。

苦难中的人们，更需要一个美好的寄托，一个美好的祈愿。因为实在无路可走，这，似乎就是他们最寄予厚望的路了。

西湖水还在，也有碧波；苏堤还在，也有烟柳。可李清照一点儿也高兴不起来。那光影中，那绿荫里，透着的是一种寂寥，是一种暮气沉沉的味道。

偶然有一艘画舫驶来，上面都是官宦模样的人，抑或是油头粉面的纨绔子弟，身边亦有歌伎摇曳着身姿，唱些香曲艳调。这让李清照心里更不舒服，她不觉就想起了唐人杜牧的那首《泊秦淮》：

烟笼寒水月笼沙，夜泊秦淮近酒家。
商女不知亡国恨，隔江犹唱后庭花。

那灯红酒绿唱不尽的金陵已经沦陷。谁又能保证明日的西湖水，不会成今日的秦淮河岸呢？

一个无志的君王，一个无望的国家，真是让人伤心欲绝。

曾经被无数文人墨客歌之赞之咏之叹之的大美西湖，却从来没在李清照的文字里生出一段甚至一句的喜悦。

水边出生、水边成长的李清照，何以不爱西湖呢？对有家心更有国心的李清照来说，这水，是她的一湖忧愁，一湖忧患，一湖向北而泣的泪水。

李清照和西湖，是错的时间里错的相遇，两两相望，两两生悲。

◎双溪舴艋舟，载不动、许多愁

风住尘香花已尽，日晚倦梳头。物是人非事事休，欲语泪先流。

闻说双溪春尚好，也拟泛轻舟。只恐双溪舴艋舟，载不动、许多愁。

——《武陵春》

说好的放下，说好的归去，却一次次向左向右地寻觅，让情怀浮沉。

临安于李清照，是心事最周折的一座城。她为前方的捷报而欢，她为朝廷的苟且而哭。百日之嫁，九日牢狱，更让她万念俱灰。

绍兴三年（1133），就在她极度消沉的时候，当她听说朝廷将派吏部侍郎韩肖胄、工部尚书胡松年两位大员出使金国的时候，她心底的那份激情再次燃烧，挥笔写下了一首诗，末了感觉意犹未尽，立即再提竹笔，又写律诗一首。两诗中，"欲将血泪寄山河，去洒东山一抔土"的慷慨之句，着实让人热血沸腾。

然而，尽管两位大人有舍身向死的精神，却没能实现李清照北归的梦想，只留下她那泣血的复国豪情在远方殷殷地红着。

战事又起，天下惶恐，人们毫无安全感。李清照叹道："今年冬十月朔，闻淮上警报，江浙之人，自东走西，自南走北，居山林者谋入城市，居城市者谋入山林。"

绍兴四年（1134）秋，临安城一片风声鹤唳，李清照在逃亡的人流裹挟下，再一次跟跟跄跄地向南退去。一路上哀鸿遍野，满目疮痍。这片金人还未到达的地方已如此荒凉，原本大好的田园，看来再无一片宁静的土地。

虽然心有惊慌，但毕竟没有兵匪的袭扰，还算是一次比较从容的逃难。十月，李清照和丫鬟雇了一只小船，逆了钱塘江流向金华而去。

钱塘江，是浙江省最大的河流，古称"浙"，是水流曲折的意思，为浙江省的称谓本源。其钱塘江大潮，浪涛叠积，汹涌澎湃。有诗惊叹道：

钱塘一望浪波连，顷刻狂澜横眼前。
看似平常江水里，蕴藏能量可惊天。

这虽然算不上是多出彩的佳作，但将钱塘江那潮声若惊雷、气势若惊马的阵势形象地展现在了人们面前，为遥望者倾心向往，为临江者叹为观止。

江水到了富春一代，便叫作富春江，那里，又是另一番韵味。这里碧水盈盈，绿岸如画。无数笔墨才俊都寄情此地。元代大画家黄公望，以此山水画就的《富春山居图》，是他倾多年心血绘成的山水画卷，被世人誉为"画中之兰亭"，为中国十大传世名画之一，为历代名家珍爱，后流转到江南收藏家吴洪裕之手。吴在临终前有效仿唐玄宗以《兰亭序》陪葬之意，命人将《富春山居图》投入火中焚烧。还好，有不忍心的晚辈拼力从火中抢出，使这幅名画免于付之一炬。只可叹画卷已经断为两段，也只好分别装裱。

一片断山，一片残水，何以说富，何以言春？也就一半称为《剩山图》，一半称为《无用师卷》。

如今，前半卷存于浙江省博物馆，后半卷存于台北故宫博物院。实在令人唏嘘感叹。

好在那时的富春江，还远隔战火，秀丽的景色让逃亡路上的李清照暂时忘却了奔波之苦，一时间心情向好，不觉间就想起了南朝梁人吴均的《与朱元思书》：

风烟俱净，天山共色。从流飘荡，任意东西。自富阳至桐庐一百里许，奇山异水，天下独绝。

水皆缥碧，千丈见底。游鱼细石，直视无碍。急湍甚箭，猛浪若奔。

夹岸高山，皆生寒树，负势竞上，互相轩邈，争高直指，千百成峰。泉水激石，泠泠作响；好鸟相鸣，嘤嘤成韵。蝉则千转不穷，猿则百叫无绝……

坐在小船上，李清照为两岸的山色忘情。然而，船过江边一个叫钓台的地方时，再次触动了她对世事的感触，也就随口吟出了《钓台》：

巨舰只缘因利往，扁舟亦是为名来。
往来有愧先生德，特地通宵过钓台。

"天下熙熙，皆为利来，天下攘攘，皆为利往。"李清照自嘲亦嘲世，叩问人间品节，短短四句，虽然不如《夏日绝句》铿锵有声，但更能让人羞愧思量，再思量。

一江如画的胜意，又成一江漫漫秋愁。

逃亡路上，李清照可说是命运多舛，但她一颗家国之心，始终壁立如峰，总会在紧要的关头，剑一样刺向世道人心。那铮铮的锋鸣，醒人醒世，却只叹，醒不了君王。

十月中旬，李清照终于到达金华。因为事先与亲友打了招呼，她住进了一户舒适人家。这里远离临安，丝毫听不到刀枪之声。心有安逸，便生欢乐，李清照在这宽泛的环境中，也就想起了曾经的欢娱游戏。

按打马世有二种：一种一将十马者，谓之关西马；一种无将二十马者，谓之依经马。流行既久，各有图经凡例可考。行移赏罚，互有异同。又宣和间，人取二种马，参杂加减，大约交加侥幸，古意尽矣，所谓宣和马者是也。

相传李清照闲来有博赌的情趣，从她的《打马图经序》中也的确得到了佐证："予性喜博，凡所谓博者皆耽之，昼夜每忘寝食。但平生随多寡未尝不进者何？"

李清照在金华那段难得的闲暇时光里，也就时常游玩于打马的赌乐之中："乍释舟而见轩窗，意颇适然。而长烛明，奈此良夜乎？于是博弈之事讲矣。"

李清照不仅每赌必赢，并在这里撰写了《打马图经》，另写《打马图经序》和《打马赋》，对这种游戏的历史渊源进行了详细的叙述和探究。

一代词才宗主，竟然还是赌王，让人从另一个侧面感知了她的聪明智慧。

金华，名胜古迹遍布，灿若明珠。八咏楼、天宋寺、龙德塔，古风幽幽；双龙洞、冰壶洞、朝真洞，洞洞生趣。历代书画名家，不惜步履，来此寻古探幽。

李清照却无心于此，而是沉迷在打马的游乐之中。当游乐的人们散去，她从牌桌上抬起头来的时候，才知道这一天又要过去了。褶皱的衣裙，纷乱的妆容，实在无心打理，她站了起来，只是随手撩了一把头发。

老丫鬟已经开始生火做饭了，一缕炊烟袅袅飘起家的味道。

她是她曾经失散的丫鬟，她又成了现在跟随她的人。她的身影忽然就让李清照想起，她们都是北方人，这里不是家乡，而是他乡啊。她控制不住自己，瞬间泪流满面。

谁说她是醉心于博弈啊，她那只是为了麻木自己，为了再一次忘却。

老丫鬟抬头看见李清照伤感的样子，便劝慰道："夫人，咱不玩打马了，明天去双溪玩玩吧。听说那里的景色可好了，而且好像还有小船可以划呢。"

"船？"她心头掠过一丝喜悦，随即点了点头。

水，是她孩提时的快乐舞池；船，是她儿时的幸福摇篮。听闻可以划船，她怎能不心生欢喜呢？

双溪是唐宋时期著名的游览胜地，因有两水汇聚而得名。据《浙江通志》卷十七引《名胜志》载："双溪，在（金华）城南，一曰东港，一曰南港。东港源出东阳县大盆山，经义乌西行入县境，又汇慈溪、白溪、玉泉溪、坦溪、赤松溪，经石碕岩下，与南港会。南港源出缙云黄碧山，经永康、义乌入县境，又合松溪、梅溪水，绕屏山西北行，与东港会与城下，故名。"

说好要去双溪，说好要去划船，第二天，李清照也早早地起了。可她在屋门口愣怔了许久，却又转回身来，解了外衣，斜躺在了床上。

双溪，不去了。

那明水的百脉泉，那青州的黄花溪，那莱州的南阳河，还有汴京的包公湖，有多少水是关于那小船的记忆。

　　金华的双溪，不是她的水；双溪的舴艋舟，不是她的船，又哪能载得了她的旧愁，她的家愁，她的国愁？

　　初欢的金华，忧愁的双溪。

◎ 闻天语，殷勤问我归何处

天接云涛连晓雾，星河欲转千帆舞。仿佛梦魂归帝所。闻天语，殷勤问我归何处？

我报路长嗟日暮，学诗漫有惊人句。九万里风鹏正举。风休住，蓬舟吹取三山去。

——《渔家傲》

不要说风给了我们去流浪的借口，其实，无奈才是别无选择的理由。哪怕是浮萍在水上漂泊，也挣扎着，想抓一把故土。

她，就是在这无奈中，一路向远。

水边成长的李清照，水滋养了她的生命。水泽盈盈的江南，应该是和她相宜的。但是，自从她向南迈出了第一步，便再无一处山水可以相依了。

朗朗的北方，以宽肩粗臂包容着她的婉约；软软的江南，却以岁月的艰辛砥砺了她的铿锵。

越远越寂寞，越远越孤独，越远越张皇。

一道道的水，一座座的城。李清照总想找一个安稳的所在，却被一个又一个巨浪打翻了，冲向了另一个远途。

一次次苦难，虽然磨砺了她的心志，可再刚强的女子，也是女子，家国之志托举的，终是一朵女人花。她，有柔软的花瓣，有纤弱的蕊丝；梦，才是那无风无雨的栖息。

然而，那个江宁，后来更名为建康的城，她的赵明诚在那里离去。她唯一可暖的一把故土之爱，在那江流里流失之后，她再无安稳之处可栖身。

周折着一条一条的路,颠沛着一段一段的水,徘徊着一座一座的城。

可那是一处又一处的苦难,一处又一处的失望。

南方的南方,或许可以安静一些。好吧,那就再向南迈一步。金华,的确算是宁静,宁静得让李清照生出北方的清欢来,生出宝贵时光里的一种沉迷。

然而,当散去这些欢愉的尘埃,她忽然就感觉慌乱了。那双溪里本来可以飘摇的舴艋舟,瞬间就倾翻了,让她在这湿淋淋的梦里惊醒。这里,原本不是一片欢乐寄梦的地方,而是孤独到极点的麻木。

她似乎是走过了应寻找的地方,越远越无心。那就向北再退回一步吧,也许能多听到一些乡音。

千古风流八咏楼,江山留与后人愁。
水通南国三千里,气压江南十四州。

绍兴五年(1135)秋,李清照为金华写下这首《题八咏楼》,然后又回到临安。这里留下的看似是她的欢,其实是更深的愁。

其实,李清照本想更靠近北方一些的,但她还是选择了临安。皇帝的城,是可以稍微多寄托一点希望的。南宋毕竟还是北宋的余响,那赵构终究是宋朝开国皇帝的子孙,对北方多多少少还是应该有些念想的吧,更何况他的父兄,还在塞外受苦。

临安,在李清照认为,是那时江南最有北方味道的城,是无数人寄梦的城,也是离家国梦最近的城。

然而,那个皇帝一道道毫无骨气的诏令,让她失望了。但她在失望中又渴望着,企望哪一天皇帝突然就抖擞精神,命令百万兵师挥戈北上，重整山河。

窗外总是一夜一夜愁打芭蕉的江南雨，却从没有令人血脉偾张的消息传来。

盼望着，失望着；失望着，盼望着……李清照在这种念想里挣扎着，挣扎着。这种念想陷入了时势的泥沼，越挣扎，越沦陷。

李清照慢慢感觉到，这临安，只是皇帝和那些误国奸佞的城，而不是她的城，不是她南逃的终点，不是她北归的起点。

李清照很是迷茫，一颗词心，真的无法将政治和阴谋想得诗情画意。那种污浊，又怎是她能想得明白的呢？

可江南的一座座城池，实在没有哪里可以寄放这种梦想。也只有这临安，唯有可能突破藩篱，恢复岁月。毕竟这里是核心的所在。

当然，民众是这山河的根，是无以取代的根本。可毕竟很多时候，根只是屈曲于泥土之中。

李清照空有丈夫之心，却无执笏板而呼的可能，也只有盘曲如根，在临安默默地祈盼着。

帝王是冷漠的，临安城让李清照泛起的一点希望也渐渐归于漠然。她总是一袭旧衣，漠然地穿过临安的长街短巷，漠然地看着那西湖水的波起波平。

千山万水的苦难，让她以为自己真的就漠然了，麻木了。可是那一天，李清照的心忽然就亮了一下。其实，那是一个阴郁的日子。八月十八，那是她的赵明诚的忌日。自从赵明诚去世以后，李清照每年都会在这天翻看旧物，寄托哀思。

那日，李清照在残存的藏品中，竟然发现了两幅米芾的字帖。这是赵明诚生前的喜爱之物。时年，米芾的儿子米友仁正在临安。若能让他题跋，那是更好的收藏，也是对丈夫魂灵最好的安慰。

白发如雪的李清照，卷着这两幅字帖，步履蹒跚地来到了天庆观。

七十七岁的米友仁与六十七岁的李清照相见，一个比一个苍老，这让二人唏嘘不已。他们忆的当然不是江南，他们说的都是汴京旧事。

当李清照说明来意，展开那两幅字帖的时候，父亲的手迹让米友仁激动起来，更赞叹李清照，虽然伤于古玩，但依然不坠其志，不但完成丈夫的遗愿，而且依然珍爱旧物。他也就毫不推诿，稍加思量后，在《灵峰行记帖》上挥毫题跋：

易安居士一日携前人墨迹临顾，中有先子留题，拜观不胜感泣。先子寻常为字，但乘兴而为之。今之数句，可比黄金千两耳，呵呵。

题完一帖，米友仁又思量一番，在另一帖《寿时宰词》上写道：

而殿侧有乌数枚集之，上令作诗咏之。先子因暇日偶写，今不见四十年矣。易安居士求跋，谨以书之。

米友仁题罢，又和李清照感慨了许久。

正是米芾的字帖和米友仁的题跋的墨香，勾起了她心中的诗词韵律。她觉得自己追求了一生的平仄之美，不能就此随自己的老去，沉没于荒郊野岭之间。

她，应该找一个传承；她，想找一个传承。

可是这座惶惶之城里，哪有这样沉静的少年词心呢？

命运，总在你的念想里，安排一次相遇。是福，或是劫。

那个孙氏邻居的到米，让她的街巷里多了一些热闹；那个孙家小孙女的出现，更是让她万分惊喜。

聪明伶俐、活泼可人，这不是小时候的自己吗？李清照将小女孩揽在怀里，说要教她诗书文章。没想到，小女孩却一下子挣脱开来，有些生气地说道："才藻非女子事也。"

一句话，让李清照愣在原地。古稀之年，她是可以将这当成童言无忌来听的。可在那个时代，在那个家国茫茫的临安，她又该找一句怎样的话来应答呢？

寒风萧萧，北雁凄鸣，李清照走了，一袭瘦影子孑向远，无南无北，不东不西。

当我们翻读她的文字的时候，能真实地感觉到，她就似一朵凌寒的菊花，灿灿的黄，闪现在眼前。其实诗词到达的每一个地方，都是她灵魂的皈依之处。

时光没有忘记她，中国没有忘记她，世界也没有忘记她，后人为她找了一个最伟大的归处。宇宙中的那个环形山，正是她最好的香冢，是人们可念可望，亦远亦近，寂寞而又冷艳着的日月词心。

弯弯的，是溪水的婉约；冷冷的，是石质的坚毅。唯一的女子，唯一的她。

遥远的水星，那里有一个水做的灵魂。

附录

◎ 《金石录》后序

　　右《金石录》三十卷者何？赵侯德父所著书也。取上自三代，下迄五季，钟、鼎、甗、鬲、盘、匜、尊、敦之款识，丰碑、大碣、显人、晦士之事迹，凡见于金石刻者二千卷，皆是正讹谬，去取褒贬，上足以合圣人之道，下足以订史氏之失者皆载之，可谓多矣。呜呼，自王播、元载之祸，书画与胡椒无异；长舆、元凯之病，钱癖与传癖何殊。名虽不同，其惑一也。

　　余建中辛巳，始归赵氏。时先君作礼部员外郎，丞相时作吏部侍郎。侯年二十一，在太学作学生。赵、李族寒，素贫俭。每朔望谒告出，质衣取半千钱，步入相国寺，市碑文果实归，相对展玩咀嚼，自谓葛天氏之民也。

　　后二年，出仕宦，便有饭蔬衣练，穷遐方绝域，尽天下古文奇字之志。日就月将，渐益堆积。丞相居政府，亲旧或在馆阁，多有亡诗逸史，鲁壁汲冢所未见之书。遂尽力传写，浸觉有味，不能自已。后或见古今名人书画、一代奇器，亦复脱衣市易。尝记崇宁间，有人持徐熙牡丹图，求钱二十万。当时虽贵家子弟，求二十万钱，岂易得耶？留信宿，计无所出而还之。夫妇相向惋怅者数日。

　　后屏居乡里十年，仰取俯拾，衣食有余。连守两郡，竭其俸入以事铅椠。每获一书，即同共勘校，整集签题。得书、画、彝、鼎，亦摩玩舒卷，指摘疵病，夜尽一烛为率。故能纸札精致，字画完整，冠诸收书家。余性偶强记，每饭罢，坐归来堂烹茶，指堆积书史，言某事在某书某卷第几叶第几行，以中否角胜负，为饮茶先后。中即举杯大笑，至茶倾覆怀中，反不得饮而起。甘心老是乡矣！故虽处忧患困穷而志不屈。收书既成，归来堂起书库大橱，簿甲乙，置书册。如要讲读，即请钥上簿，关出卷帙。或少损污，必惩责揩完涂改，不复向时之坦夷也。是欲求适意而反取憀慄。余性不耐，始谋食去重肉，衣去重采，首无明珠翠羽之饰，室无涂金刺绣之具。遇书史百家，字不刓缺，本不讹谬者，辄市之，储作副本。自来家传《周易》《左氏传》，故两家者流，文字最备。于是几案罗列，枕席枕藉，意会心谋，目往神授，乐在声色狗马之上。

至靖康丙午岁，侯守淄川。闻金寇犯京师，四顾茫然，盈箱溢箧，且恋恋，且怅怅，知其必不为己物矣！建炎丁未春三月，奔太夫人丧南来。既长物不能尽载，乃先去书之重大印本者，又去画之多幅者，又去古器之无款识者。后又去书之监本者，画之平常者，器之重大者。凡屡减去，尚载书十五车。至东海，连舻渡淮，又渡江，至建康。青州故第尚锁书册什物，用屋十余间，期明年春再具舟载之。十二月，金人陷青州，凡所谓十余屋者，已皆为煨烬矣。

建炎戊申秋九月，侯起复，知建康府。己酉春三月罢，具舟上芜湖，入姑孰，将卜居赣水上。夏五月，至池阳。被旨知湖州，过阙上殿；遂驻家池阳，独赴召。六月十三日，始负担舍舟，坐岸上，葛衣岸巾，精神如虎，目光烂烂射人，望舟中告别。余意甚恶，呼曰："如传闻城中缓急，奈何？"戟手遥应曰："从众。必不得已，先弃辎重，次衣被，次书册卷轴，次古器，独所谓宗器者，可自负抱，与身俱存亡，勿忘也。"遂驰马去。途中奔驰，冒大暑，感疾。至行在，病疟。七月末，书报卧病。余惊怛，念侯性素急，奈何病疟？或热，必服寒药，疾可忧。遂解舟下，一日夜行三百里。比至，果大服柴胡、黄芩药，疟且痢，病危在膏肓。余悲泣仓皇，不忍问后事。八月十八日遂不起。取笔作诗，绝笔而终，殊无分香卖履之意。

葬毕，余无所之。朝廷已分遣六宫，又传江当禁渡。时犹有书二万卷，金石刻二千卷，器皿茵褥，可待百客，他长物称是。余又大病，仅存喘息。事势日迫。念侯有妹婿任兵部侍郎，从卫在洪州，遂遣二故吏先部送行李往投之。冬十二月，金人陷洪州，遂尽委弃。所谓连舻渡江之书，又散为云烟矣。独余少轻小卷轴、书帖，写本李、杜、韩、柳集，《世说》《盐铁论》，汉、唐石刻副本数十轴，三代鼎鼒十数事，南唐写本书数箧，偶病中把玩，搬在卧内者，岿然独存。

上江既不可往，又虏势叵测，有弟迒，任敕局删定官，遂往依之。到台，台守已遁。之剡，出陆，又弃衣被。走黄岩，雇舟入海，奔行朝。时驻跸章安，从御舟海道之温，又之越。庚戌十二月，放散百官，遂之衢。绍兴辛亥春三月，复赴越，壬子，又赴杭。

先侯疾亟时，有张飞卿学士，携玉壶过视侯，便携去，其实珉也。不知何人传道，遂妄言有颁金之语，或传亦有密论列者。余大惶怖，不敢言，亦不敢遂已，尽将家中所有铜器等物，欲赴外廷投进。到越，已移幸四明。不敢留家中，并写本书寄剡。后官军收叛卒，取去，闻尽入故李将军家。所谓岿然独存者，无虑十去五六矣。惟有书、画、砚、墨可五、七簏，更不忍置他所，常在卧塌下，手自开阖。在会稽，卜居土民钟氏舍。忽一夕，穴壁负五簏去。余悲恸不得活，重立赏收赎。后二日，邻人钟复皓出十八轴求赏，故知其盗不远矣。万计求之，其余遂牢不可出。今知尽为吴说运使贱价得之。所谓岿然独存者，乃十去其七八。所有一二残零不成部帙书册，三数种平平书帙，犹复爱惜如护头目，何愚也耶！

今日忽阅此书，如见故人。因忆侯在东莱静治堂，装卷初就，芸签缥带，束十卷作一帙。每日晚吏散，辄校勘二卷，跋题一卷。此二千卷，有题跋者五百二卷耳。今手泽如新，而墓木已拱，悲夫！

昔萧绎江陵陷没，不惜国亡，而毁裂书画；杨广江都倾覆，不悲身死，而复取图书。岂人性之所著，死生不能忘之欤？或者天意以余菲薄，不足以享此尤物耶？抑亦死者有知，犹斤斤爱惜，不肯留在人间耶？何得之艰而失之易也！

　　呜呼，余自少陆机作赋之二年，至过蘧瑷知非之两岁，三十四年之间，忧患得失，何其多也！然有有必有无，有聚必有散，乃理之常。人亡弓，人得之，又胡足道！所以区区记其终始者，亦欲为后世好古博雅者之戒云。

　　绍兴二年玄黓岁壮月朔甲寅，易安室题。

◎ 李清照词精选

如梦令·常记溪亭日暮

常记溪亭日暮，沉醉不知归路。兴尽晚回舟，误入藕花深处。争渡、争渡，惊起一滩鸥鹭。

如梦令·昨夜雨疏风骤

昨夜雨疏风骤，浓睡不消残酒。试问卷帘人，却道海棠依旧。知否？知否？应是绿肥红瘦。

如梦令·谁伴明窗独坐

谁伴明窗独坐，我共影儿俩个。灯尽欲眠时，影也把人抛躲。无那，无那，好个凄凉的我。

浣溪沙·小院闲窗春色深

小院闲窗春色深，重帘未卷影沉沉。倚楼无语理瑶琴。
远岫出云催薄暮，细风吹雨弄轻阴。梨花欲谢恐难禁。

浣溪沙·闺情

绣面芙蓉一笑开，斜飞宝鸭衬香腮。眼波才动被人猜。
一面风情深有韵，半笺娇恨寄幽怀。月移花影约重来。

浣溪沙·莫许杯深玻珀浓

莫许杯深琥珀浓，未成沉醉意先融。疏钟已应晚来风。

瑞脑香消魂梦断，辟寒金小髻鬟松。醒时空对烛花红。

浣溪沙·髻子伤春慵更梳

髻子伤春慵更梳，晚风庭院落梅初。淡云来往月疏疏。

玉鸭熏炉闲瑞脑，朱樱斗帐掩流苏。遗犀还解辟寒无？

浣溪沙·淡荡春光寒食天

淡荡春光寒食天，玉炉沉水袅残烟。梦回山枕隐花钿。

海燕未来人斗草，江梅已过柳生绵。黄昏疏雨湿秋千。

忆王孙·湖上风来波浩渺

湖上风来波浩渺，秋已暮、红稀香少。水光山色与人亲，说不尽、无穷好。

莲子已成荷叶老，清露洗、苹花汀草。眠沙鸥鹭不回头，似也恨、人归早。

点绛唇·蹴罢秋千

蹴罢秋千，起来慵整纤纤手。露浓花瘦，薄汗沾衣透。

见客入来，袜刬金钗溜。和羞走，倚门回首，却把青梅嗅。

鹧鸪天·桂花

暗淡轻黄体性柔，情疏迹远只香留。何须浅碧轻红色，自是花中第一流。

梅定妒，菊应羞。画阑开处冠中秋。骚人可煞无情思，何事当年不见收？

鹧鸪天·寒日萧萧上锁窗

寒日萧萧上锁窗，梧桐应恨夜来霜。酒阑更喜团茶苦，梦断偏宜瑞脑香。

秋已尽，日犹长，仲宣怀远更凄凉。不如随分尊前醉，莫负东篱菊蕊黄。

点绛唇·闺思

寂寞深闺，柔肠一寸愁千缕。惜春春去，几点催花雨。

倚遍阑干，只是无情绪。人何处？连天衰草，望断归来路。

渔家傲·雪里已知春信至

雪里已知春信至，寒梅点缀琼枝腻。香脸半开娇旖旎，当庭际，玉人浴出新妆洗。

造化可能偏有意，故教明月玲珑地。共赏金樽沉绿蚁，莫辞醉，此花不与群花比。

渔家傲·记梦

天接云涛连晓雾，星河欲转千帆舞。仿佛梦魂归帝所。闻天语，殷勤问我归何处？

我报路长嗟日暮，学诗漫有惊人句。九万里风鹏正举。风休住，蓬舟吹取三山去。

行香子·天与秋光

天与秋光，转转情伤，探金英知近重阳。薄衣初试，绿蚁新尝，渐一番风，一番雨，一番凉。

黄昏院落，凄凄惶惶，酒醒时往事愁肠。那堪永夜，明月空床。闻砧声捣，蛩声细，漏声长。

丑奴儿·晚来一阵风兼雨

晚来一阵风兼雨，洗尽炎光。理罢笙簧，却对菱花淡淡妆。

绛绡缕薄冰肌莹，雪腻酥香。笑语檀郎，今夜纱厨枕簟凉。

行香子·七夕

草际鸣蛩，惊落梧桐。正人间天上愁浓。云阶月色，关锁千重。纵浮槎来，浮槎去，不相逢。

星桥鹊驾，经年才见，想离情别恨难穷。牵牛织女，莫是离中。甚霎儿晴，霎儿雨，霎儿风。

减字木兰花·奴面不如花面好

卖花担上，买得一枝春欲放。泪染轻匀，犹带彤霞晓露痕。

怕郎猜道，奴面不如花面好。云鬓斜簪，徒要教郎比并看。

小重山·春到长门春草青

春到长门春草青，红梅些子破，未开匀。碧云笼碾玉成尘。留晓梦，惊破一瓯云。

花影压重门。疏帘铺淡月，好黄昏。二年三度负东君。归来也，着意过今春。

一剪梅·红藕香残玉簟秋

红藕香残玉簟秋，轻解罗裳，独上兰舟。云中谁寄锦书来？雁字回时，月满西楼。

花自飘零水自流。一种相思，两处闲愁。此情无计可消除，才下眉头，却上心头。

玉楼春·红梅

红酥肯放琼瑶碎。探着南枝开遍未？不知蕴藉几多时，但见包藏无限意。

道人憔悴春窗底，闲损阑干愁不倚。要来小酌便来休，未必明朝风不起。

蝶恋花·上巳召亲族

永夜恹恹欢意少，空梦当时，认取长安道。为报今年春色好，花光月影宜相照。

随意杯盘虽草草，酒美梅酸，恰称人怀抱。醉里插花花莫笑。可怜春似人将老。

醉花阴·薄雾浓云愁永昼

薄雾浓云愁永昼，瑞脑销金兽。佳节又重阳，宝枕纱厨，半夜凉初透。

东篱把酒黄昏后，有暗香盈袖。莫道不销魂，帘卷西风，人比黄花瘦。

转调满庭芳·芳草池塘

芳草池塘，绿阴庭院，晚晴寒透窗纱。玉钩金锁，管是客来吵。寂寞尊前席上，惟愁海角天涯。能留否？茶蘼落尽，犹赖有梨花。

当年、曾胜赏，生香熏袖，活火分茶。极目犹龙骄马，流水轻车。不怕风狂雨骤，恰才称、煮酒残花。如今也，不成怀抱，得似旧时那？

清平乐·年年雪里

年年雪里，常插梅花醉。接尽梅花无好意，赢得满衣清泪。

今年海角天涯，萧萧两鬓生华。看取晚来风势，故应难看梅花。

蝶恋花·泪湿罗衣脂粉满

泪揾征衣脂粉暖。四叠《阳关》，唱到千千遍。人道山长水又断。潇潇微雨闻孤馆。

惜别伤离方寸乱。忘了临行，酒盏深和浅。若有音书凭过雁，东莱不似蓬莱远。

蝶恋花·离情

暖雨和风初破冻，柳眼梅腮，已觉春心动。酒意诗情谁与共？泪融残粉花钿重。

乍试夹衫金缕缝，山枕斜欹，枕损钗头凤。独抱浓愁无好梦，夜阑犹剪灯花弄。

忆秦娥·咏桐

临高阁，乱山平野烟光薄。烟光薄，栖鸦归后，暮天闻角。

断香残酒情怀恶，西风催衬梧桐落。梧桐落，又还秋色，又还寂寞。

临江仙·庭院深深深几许

庭院深深深几许？云窗雾阁春迟。为谁憔悴损芳姿？夜来清梦好，应是发南枝。

玉瘦檀轻无限恨，南楼羌管休吹。浓香吹尽有谁知？暖风迟日也，别到杏花时。

菩萨蛮·归鸿声断残云碧

归鸿声断残云碧，背窗雪落炉烟直。烛底凤钗明，钗头人胜轻。
角声催晓漏，曙色回牛斗。春意看花难，西风留旧寒。

菩萨蛮·风柔日薄春犹早

风柔日薄春犹早，夹衫乍着心情好。睡起觉微寒，梅花鬓上残。
故乡何处是？忘了除非醉。沉水卧时烧，香消酒未消。

添字丑奴儿·芭蕉

窗前谁种芭蕉树？阴满中庭。阴满中庭。叶叶心心舒卷有余情。
伤心枕上三更雨，点滴凄清。点滴凄清。愁损北人不惯起来听。

孤雁儿·藤床纸帐朝眠起

藤床纸帐朝眠起，说不尽，无佳思。沉香烟断玉炉寒，伴我情怀如水。笛声三弄，梅心惊破，多少春情意。
小风疏雨潇潇地。又催下，千行泪。吹箫人去玉楼空，肠断与谁同倚？一枝折得，人间天上，没个人堪寄。

诉衷情·夜来沉醉卸妆迟

夜来沉醉卸妆迟，梅蕊插残枝。酒醒熏破春睡，梦断不成归。
人悄悄，月依依，翠帘垂。更挼残蕊，更捻余香，更得些时。

南歌子·天上星河转

天上星河转，人间帘幕垂。凉生枕簟泪痕滋。起解罗衣，聊问夜何其？

翠贴莲蓬小，金销藕叶稀。旧时天气旧时衣，只有情怀，不似旧家时。

浪淘沙·帘外五更风

帘外五更风，吹梦无踪。画楼重上与谁同？记得玉钗斜拨火，宝篆成空。

回首紫金峰，雨润烟浓。一江春浪醉醒中。留得罗襟前日泪，弹与征鸿。

声声慢·寻寻觅觅

寻寻觅觅，冷冷清清，凄凄惨惨戚戚。乍暖还寒时候，最难将息。三杯两盏淡酒，怎敌他、晚来风急？雁过也，正伤心，却是旧时相识。

满地黄花堆积，憔悴损，如今有谁堪摘？守着窗儿，独自怎生得黑？梧桐更兼细雨，到黄昏、点点滴滴。这次第，怎一个愁字了得！

摊破浣溪沙·揉破黄金万点明

揉破黄金万点明，剪成碧玉叶层层。风度精神如彦辅，大鲜明。

梅蕊重重何俗甚，丁香千结苦粗生。熏透愁人千里梦，却无情。

◎ 李清照年谱简编

宋神宗元丰七年（1084） 一岁

李清照生于齐州章丘明水（今属山东济南）。

其父李格非，北宋文章名流，为"苏门后四学士"之一。生母王氏，元丰年宰相王珪长女，生平不详，亦善文。

宋神宗元丰八年（1085） 二岁

居明水镇。

父李格非官郓州教授。

生母王氏病故。

春三月，神宗驾崩，年九岁哲宗继位，祖母太皇太后高氏垂帘听政。

夏五月，外祖父王珪卒。

秋七月，后外曾祖父王拱辰卒。

时年九月十三日，李格非为已故同里人——明水西三里之廉家坡隐士廉复撰《廉先生序》。

宋哲宗元祐元年（1086） 三岁

居明水镇。

父李格非赴京入补太学录。

夏四月，王安石卒，是年六十六岁。

秋九月，司马光卒，是年六十七岁。

宋哲宗元祐二年（1087）　四岁

居明水镇。

李格非官太学。

宋哲宗元祐四年（1089）　六岁

随父母至汴京。

李格非官太学正，赁屋于经衢之西，曰"有竹堂"。

宋哲宗元祐六年（1091）　八岁

居汴京。

时年，李格非转太学博士。十月，哲宗贺幸太学。十二月，李格非奉命撰文记哲宗幸太学君臣唱和始末。岁末，李格非作馆职。

宋哲宗元祐七年（1092）　九岁

正月十四日，李格非撰《哲宗幸太学君臣唱和诗》碑文成。后又著十万言《礼记说》，为时人称道。

宋哲宗元祐八年（1093）　十岁

正月，蔡确卒于新州贬所，李格非有诗挽之。

秋九月，太皇太后高氏崩，哲宗赵煦亲政。

宋哲宗绍圣元年（1094）　十一岁

是年，章惇入相，李格非因拒其编元祐章奏，被外放为广信军通判。在任期间，清正爱民，惩治奸邪。其家国为上的格调，深深影响了李清照。

宋哲宗绍圣二年（1095）　十二岁

李格非受诏为校书郎，著作佐郎，是年撰成他的传世名文——《洛阳名园记》。

宋哲宗绍圣四年（1097）　十四岁

李清照词名渐起。

时年写怀乡之作《如梦令·常记溪亭日暮》。

秋天有词作《双调忆王孙·湖上风来波浩渺》。

李格非始为礼部员外郎。

十月，赵挺之任太常少卿权礼部侍郎。十一月，又为吏部侍郎。

宋哲宗元符元年（1098）　十五岁

行及笄礼。

暮春作《如梦令·昨夜雨疏风骤》，抒伤春情怀。

宋哲宗元符二年（1099）　十六岁

李清照是年前后，由原籍赴汴京，其"学诗三十年"伊始。

宋哲宗元符三年（1100）　十七岁

正月，宋哲宗驾崩，年二十四岁，其皇弟赵佶继位登基，即宋徽宗。

是年，李清照写和诗《浯溪中兴颂诗和张文潜》二首。

冬，作《渔家傲·雪里已知春信至》，抒知己婚讯感受。

宋徽宗建中靖国元年（1101）　十八岁

初春，李清照有《浣溪沙·莫许杯深琥珀浓》《浣溪沙·淡荡春光寒食天》，抒待嫁春闺情怀。

时年，和吏部侍郎赵挺之三子赵明诚完婚。赵明诚，二十一岁，在太学。

李清照作《减字木兰花·卖花担上》等，述新婚美满。

宋徽宗崇宁元年（1102）　十九岁

丈夫赵明诚在太学。

时年，李格非被列入"元祐奸党"名单。据元祐人"不得在京差遣"之规，李格非被逐回原籍章丘明水。

李清照为救父，写诗与赵挺之，有"何况人间父子情"之句，让人动容。赵挺之无所表示。传，李格非又贬广西。

宋徽宗崇宁二年（1103）　二十岁

李清照再上诗赵挺之救父，其"炙手可热心可寒"之句，述赵挺之冷酷。

赵明诚出仕。

四月，赵挺之除中书侍郎。

九月，朝廷诏禁："禁元祐党人子弟居京。"又诏："宗室不得与元祐奸党子孙为婚姻，内已定未过礼者并改正。"据此，李清照被遣离京城，回原籍章丘明水。

宋徽宗崇宁三年（1104）　二十一岁

避"党祸"居明水老家。

时年秋天，作《一剪梅·红藕香残玉簟秋》等词，表达与赵明诚分别的思念之苦。

九月，赵挺之自右光禄大夫、中书侍郎除门下侍郎。

宋徽宗崇宁四年（1105）　二十二岁

三月，赵挺之除尚书右仆射兼中书侍郎。

十月，赵明诚被授鸿胪少卿，掌朝会礼仪。

宋徽宗崇宁五年（1106）　二十三岁

正月，朝廷毁《元祐党人碑》，除党人一切之禁。

二月，蔡京罢相。赵挺之以特进尚书右仆射兼中书侍郎。

李清照由原籍返京，作《小重山·春到长门春草青》，以表欢喜之情。

此年，李格非提任京东刑狱，未赴任。宋史载："卒，年六十一。"应为此年病故。

宋徽宗大观元年（1107）　二十四岁

正月，蔡京复相。

三月，赵挺之被罢右仆射。五日后卒于京师，时年六十八岁。

赵卒后三日，被蔡京诬陷，被追夺所赠之司徒。赵家在京者，皆被以各种莫名之罪遭受株连。后因"皆无实事"而免于狱罪，却皆被罢官。

是年或下年伊始，赵明诚与李清照移居青州。

宋徽宗大观二年（1108）　二十五岁

屏居青州，书房起名为"归来堂"，自号"易安居士"，与赵明诚赌书斗茶，收集金石，乐于宁静的清居生活。

八月秋分，作祝寿词《新荷叶·薄露初零》与晁补之，贺其五十六岁生日。亦有传说，此词是为名士朱敦儒所写。

宋徽宗大观四年（1110）　二十七岁

居青州。

时年，撰成《词论》。

宋徽宗政和元年（1111）　二十八岁

居青州。

秋九月，赵明诚、李清照题"云巢石"（此石疑为伪作，有待考证）。

是年，赵明诚至泰山，得《唐登封纪号文》两碑拓。

宋徽宗政和二年（1112）　二十九岁

居青州。

七月，赵明诚言兄存诚以秘书少监言取访遗书事，思诚亦当起复。

宋徽宗政和四年（1114）　三十一岁

居青州。

新秋，赵明诚题"易安居士三十一岁之照"，云："清丽其词，端庄其品，归去来兮，真堪偕隐。政和甲午新秋，德父题于归来堂。"

宋徽宗政和五年（1115）　三十二岁

居青州。

周邦彦提举大晟乐府。

是年，赵明诚与李清照于青州归来堂起大书橱，藏书无数。

宋徽宗政和六年（1116）　三十三岁

居青州。

赵明诚的《金石录》已大约整理成集，共三十卷。

赵明诚于归来堂再阅欧阳修的《集古录》。

宋徽宗政和七年（1117） 三十四岁

居青州。

赵明诚正式编成《金石录》，作自序。

九月十日，河间刘跂为赵明诚《金石录》前三十卷作序，题为《〈金石录〉后序》。

宋徽宗重和元年（1118） 三十五岁

居青州。

仲冬廿六夜，赵明诚再观欧阳修《集古录》。

宋徽宗宣和三年（1121） 三十八岁

居青州。

时年早春，赵明诚去莱州就任，但并未携李清照一同前往。李清照有词作《凤凰台上忆吹箫·香冷金猊》等，抒离情别恨。

八月初，李清照从青州前往莱州的途中，在昌乐作《蝶恋花·泪湿罗衣脂粉满》。

八月十日，李清照到达莱州，为眼前的冷清之景所伤，写《感怀》诗。

是年，周邦彦卒，时年六十六岁。

宋徽宗宣和四年（1122） 三十九岁

居莱州。

赵明诚在城南天柱山、云峰山，先后得北魏郑羲上、下碑。

除日，赵明诚重观所题欧阳修《〈集古录〉跋尾》，又题云："壬寅岁除日，于东莱郡宴堂观旧题，不觉怅然，时年四十有三矣。"

宋徽宗宣和五年（1123）　四十岁

居莱州。

李清照从兄李迥为李格非《廉先生序》作跋。

是年，李清照和赵明诚每晚在莱州静治堂共同校勘《金石录》。

宋徽宗宣和六年（1124）　四十一岁

时年，赵明诚移知淄州知州，李清照随往。

宋徽宗宣和七年（1125）　四十二岁

居淄州。

是年夏，赵明诚于淄川得白居易书《楞严经》。

时年，金兵南犯北宋。

十二月，皇太子赵桓即位，即宋钦宗。

宋钦宗靖康元年（1126）　四十三岁

赵明诚守淄州。

春正月，金人渡黄河，犯京师。

十一月，汴京城陷落。

宋钦宗靖康二年、高宗建炎元年（1127）　四十四岁

三月，赵明诚奔母丧南下江宁。

四月，金军掳宋徽宗、宋钦宗及皇后、皇太子和宗室、后妃等数千人北去。汴京城几被洗劫一空，北宋始告灭亡。

五月，康王赵构即位于南京（今河南商丘），是为宋高宗。改元建炎，历史称为南宋。

八月，赵明诚起任江宁府，兼江东经制副使。

冬十月，宋高宗至扬州。

十二月，青州兵变，李清照留于青州文物被付之一炬，化为灰烬。

十二月末，李清照"载书十五车，连舻渡淮，又渡江"，于翌年早春，到达江宁。

宋高宗建炎二年（1128） 四十五岁

春正月，李清照历尽磨难，终于抵达江宁。

时年，李清照作诗讽刺南宋君臣弃国奔逃，有句："南来尚怯吴江冷，北狩应悲易水寒。"又有诗句："南渡衣冠少王导，北来消息欠刘琨。"

冬日，李清照"每值大雪，即顶笠披蓑，循城远览以寻诗"。

宋高宗建炎三年（1129） 四十六岁

春正月，高宗在江宁府，改府名为建康。

正月初，李清照作《菩萨蛮·归鸿声断残云碧》，诉思乡之苦，又写《临江仙·庭院深深深几许》。

春二月，赵明诚"缒城宵遁"，罢守江宁。

三月，李清照与赵明诚乘舟西去，经乌江作《夏日绝句》，凭吊项羽。

五月，至池阳，赵明诚旨知湖州。

六月十三日，赵明诚独赴湖州，"途中奔驰，冒充大暑，感疾"。

八月，赵明诚因服大寒药制压热疾，致疟痢并发，病危。李清照知后，遂往建康。

八月十八日，赵明诚卒于建康，时年四十九岁。李清照写《祭赵湖州文》祭奠。

深秋有《南歌子·天上星河转》写哀思，重阳写《行香子·天与秋光》。

十一月，金兵陷洪州，李清照寄放于洪州的文物散于战火。

十二月，李清照离建康南下，途遇大雪，遂作《清平乐·年年雪里》，诉逃亡之苦。再作《诉衷情·夜来沉醉卸妆迟》。

宋高宗建炎四年（1130） 四十七岁

于明州，又失随身文物无数。

是年早春，李清照紧追随圣驾，携古铜器等捐付给皇帝，以消"玉壶颁金"谣言。

二月，随御舟至海上，作词《渔家傲·天接云涛连晓雾》。

时年九月，金人立刘豫为"齐帝"。李清照作《咏史》斥之，诗曰："两汉本继绍，新室如赘疣。所以嵇中散，至死薄殷周。"

十一月，朝廷放百官。

十二月，李清照至衢州。

宋高宗绍兴元年（1131） 四十八岁

春三月，李清照赴越州，借居于居民钟氏的家里，五簏文物被穴壁而盗，李清照作《偶成》伤叹。

宋高宗绍兴二年（1132） 四十九岁

正月，宋高宗至临安，不日，李清照亦抵临安。

春三月，李清照作联："露花倒影柳三变，桂子飘香张九成。"

夏，张汝舟巧言骗婚李清照。

是年九月，李清照识透张汝舟，以"妄增举数"之罪讼而离之。据宋《刑统》，李清照亦当入狱两年，后得翰林学士綦崇礼相援，仅九日获释，遂作《投内翰綦公崇礼启》答谢之。是年秋，有词作《山花子·病起萧萧两鬓华》。

宋高宗绍兴四年（1134） 五十一岁

居临安。

秋八月，李清照作《〈金石录〉后序》。

冬十月，李清照避兵乱至金华，卜居陈氏第，途经严滩时，感严光的高尚品德，作《钓台》诗。

十月二十日，作《打马图经》，并序。后又作《打马赋》及《打马图经命辞》。

宋高宗绍兴五年（1135） 五十二岁

居金华。

春三月，有《武陵春·风住尘香花已尽》词，又作《题八咏楼》诗。

同年春，朱敦儒有《鹊桥仙·和李易安金鱼池莲》。

是年秋，李清照复还临安。

宋高宗绍兴八年（1138） 五十五岁

居临安。

作《转调满庭芳·芳草池塘》词。

春三月十五日，张琰德为李格非《洛阳名园记》作序，其间述李清照上诗救父事。

同年，秦桧复相，力主和议于金。

宋高宗绍兴九年（1139） 五十六岁

春正月初五，宋、金和议成，大赦天下。

元宵，李清照作《永遇乐·元宵》词。暮春，又有《怨王孙·梦断漏悄》。

三月，金人归还宋河南、陕西旧地。

宋高宗绍兴十年（1140） 五十七岁

是岁，秦桧独相。

夏五月，金人背盟，再侵。

五月十一日，辛弃疾生，后成豪放词主，曾作《丑奴儿·博山道中效李易安体》词。

七月，岳飞苦战金人，奉诏撤军南归。时秦桧力主和议，诸大帅皆还镇，收复诸地尽失。

八月，李清照作《山花子·揉破黄金万点明》咏丹桂以怀乡。

同年，朱弁《风月堂诗话》成，卷记："李清照，赵明诚妻，李格非女也。善属文，于诗尤工。晁无咎多对士大夫称之。如'诗情如夜鹊，三绕未能安''少陵也自可怜人，更待来年试春草'之句，颇脍炙人口。"

宋高宗绍兴十一年（1141） 五十八岁

五月，谢伋《四六谈麈》成。卷有李清照《祭赵湖州文》残句："白日正中，叹庞翁之机捷；坚城自堕，怜杞妇之悲深。"

十一月，宋、金议和再成。

宋高宗绍兴十三年（1143） 六十岁

仍居临安。

立春，李清照代笔撰《皇帝阁春帖子》，又撰《贵妃阁春帖子》。

四月，又撰《端午帖子》。

时年，李清照表上《金石录》进朝。

宋高宗绍兴十六年（1146）　六十三岁

正月十五日，曾慥的《乐府雅词》成，收李清照词二十三首。

宋高宗绍兴十七年（1147）　六十四岁

夏五月辛卯，赵明诚二兄赵思诚卒。

时年，李清照写《声声慢·寻寻觅觅》，写尽一生悲苦。

宋高宗绍兴十八年（1148）　六十五岁

秋八月十五，胡仔《苕溪渔隐丛话》前集成，卷六十中曰："近时妇人能文词，如李易安，颇多佳句。小词云：'昨夜雨疏风骤，浓睡不消残酒……知否？知否？应是绿肥红瘦。''绿肥红瘦'，此语甚新。"并载李清照适张汝舟事。该书后集卷亦有李清照《词论》事。

宋高宗绍兴十九年（1149）　六十六岁

春三月，王灼《碧鸡漫志》成，其卷二谓李清照"再嫁某氏，讼而离之，晚节流荡无归"。

宋高宗绍兴二十年（1150）　六十七岁

时年，李清照携所藏米芾墨迹两帖，访其子米友仁，求作跋。

同年，为《金石录·汉巴官铁量铭》加注。

宋高宗绍兴二十一年（1151） 六十八岁

晁公武《郡斋读书志》成，书载："格非之女，先嫁赵诚之（明诚），有才藻名……晚节流落江湖间以卒。"

洪适跋《赵明诚〈金石录〉》于临安，云："赵君无嗣，李又更嫁。"

宋高宗绍兴二十五年（1155） 七十二岁

时年，李清照为邻家双生子撰庆生帖。

同年，欲以其学传孙氏女，被以"才藻非女子事也"拒。

宋高宗绍兴二十六年（1156） 七十三岁

李清照卒此年，或此年后，享年至少七十三岁。

秋八月二十二日，朱熹作《家藏石刻序》，赞《金石录》："大略如欧阳子书，然诠叙益条理，考证益精博。"

图书在版编目（CIP）数据

李清照词传 / 孔祥秋著 . -- 西安：太白文艺出版
社，2020.2
ISBN 978-7-5513-1736-8

Ⅰ . ①李… Ⅱ . ①孔… Ⅲ . ①李清照（1084- 约
1151）- 传记 Ⅳ . ① K825.6

中国版本图书馆 CIP 数据核字 (2019) 第 252089 号

李清照词传
LIQINGZHAO CIZHUAN

作　　者：孔祥秋
责任编辑：黄　洁
封面设计：末末美书
版式设计：倪　博
出版发行：陕西新华出版传媒集团
　　　　　太 白 文 艺 出 版 社
经　　销：新华书店
印　　刷：三河市海新印务有限公司
开　　本：880mm×1230mm 1/32
字　　数：190千字
印　　张：8
版　　次：2020年2月第1版
印　　次：2020年2月第1次印刷
书　　号：ISBN 978-7-5513-1736-8
定　　价：39.80元